Die Sachgeschichten

Das Wörterbuch

Hallo, liebe Schülerin und lieber Schüler!

Du hast gerade ein ganz besonderes Buch in der Hand. Genau genommen sind es nämlich zwei Bücher: ein Lesebuch und ein Wörterbuch.

Eins und eins ist eins!

Für das Lesebuch habe ich 25 Geschichten zu Themen geschrieben, über die ihr auch in der Schule sprecht: Familie, Haustiere, Berufe, Natur, Umwelt und viele mehr. Ich wünsche mir, dass dir die Geschichten gute Anregungen zum Nachdenken und Mitreden geben. Spaß machen sollen sie dir natürlich auch. Die Geschichten bestehen aus Wörtern, aus vielen Wörtern. Manche sind ganz kurz wie zum Beispiel das Wort „Ja". Andere sind länger: suchen, vielleicht, liebevoll. Wieder andere bestehen sogar aus mehreren Wörtern: Handbewegung, Apfelsaft, Fußgängerüberweg.

Halt auf keinen Fall die Klappe!
Sachgeschichten zum Mitreden

Wörter gut, alles gut!

Je mehr Wörter man kennt, desto besser kann man Geschichten erzählen. Wenn jemand zum Beispiel immer nur „gehen" sagt oder schreibt, klingt das auf die Dauer recht langweilig. Und „gehen" passt auch gar nicht immer so gut, denn manchmal schlendern, trotten, schlurfen, trippeln, laufen oder rennen die Leute. Deshalb haben wir zu jeder Geschichte eine Liste mit Wörtern zum Thema zusammengestellt und jeweils ein Beispiel, wie du etwas auch anders ausdrücken kannst: „Sag's mal anders!"

Hier geht's rund, jetzt wird's bunt!

Die Bilder zu den Geschichten hat Birgit Rieger gemalt. Ich finde, sie sind ihr gut gelungen. Denn du kannst viel auf den Bildern entdecken. Birgit Rieger hat sich auch den frechen Papagei ausgedacht, der dich durch das Buch begleitet. Unser Papagei hat noch keinen Namen. Wenn du möchtest, kannst du ihm einen geben. Trage ihn einfach in sein Schild ein.

Nachschlagen im Wörterbuch ist gar nicht so schwer, wie du vielleicht denkst. Wie das genau geht, erfährst du auf den Seiten 56/57. Das Wörterverzeichnis in diesem Buch ist ziemlich dick.
Du findest über 7500 Stichwörter. Wir haben alle wichtigen Wörter für dich zusammengestellt. Schlag nach und du wirst jedes Wort richtig schreiben!

Ein Nachschlag Schlagsahne: Schlag Sahne nach!

Ich habe auch ein Wörterbuch im Regal, ein altes von früher, als ich noch in die Schule ging. Und ein neues Wörterbuch steht daneben – für den Fall, dass ich etwas nicht weiß und nachschlagen will …

Manfred Mai

So viele Verwandte!

Julias Mama feiert ihren dreißigsten Geburtstag mit der ganzen Familie.
„Na, Tochter, wie fühlt man sich mit dreißig?", fragt Opa.
Julia hat nicht richtig zugehört. Sie guckt erstaunt und sagt: „Wieso dreißig, ich bin doch erst sieben!"
Mama lächelt. „Opa meint mich, Julia. Ich bin seine Tochter so wie du meine Tochter bist. Dein Großvater ist mein Vater."
„Und dein Onkel Thomas ist mein Sohn und der Bruder deiner Mutter", macht Opa weiter. „Und seine Frau Karin ist deine Tante und meine Schwiegertochter. Die Söhne von Thomas und Karin sind deine Cousins und meine Enkel, genau wie du."
Das ist Julia zu viel auf einmal. Sie will jetzt auch nicht mehr über Verwandte reden, sondern lieber Torte essen. Erst als die Gäste weg sind und sie mit Mama allein ist, möchte Julia noch etwas wissen.
„Mama, wir haben alle weiße Haut, nur Luca ist braun. Das verstehe ich nicht."
Mama setzt sich zu Julia. „Tante Karin hat Luca nicht geboren wie Philipp. Sie und Onkel Thomas haben Luca adoptiert, weil er keine Eltern mehr hatte. Luca ist also ihr Sohn geworden und Philipps Bruder, obwohl einer weiß und einer braun ist."
„Und warum hast du für mich keine Schwester adoptiert?"
„Du weißt doch, dass dein Vater und ich uns getrennt haben, als du noch gar nicht geboren warst", antwortet Mama. „Und ich glaube, ich hätte es nicht geschafft, allein noch ein zweites Kind großzuziehen." Sie knuddelt Julia liebevoll. „Du hast mir einfach gereicht, mein Schatz."

Mein Wortschatz

adoptiert
der Bruder
der Cousin
die Cousine
der Enkel
die Enkelin
die Familie
geboren
der Geburtstag
getrennt
die Großmutter
der Großvater
großziehen
das Kind
die Mama
die Mutter
der Neffe
die Nichte

liebevoll

behutsam
gefühlvoll
vorsichtig
zärtlich

der Onkel
die Oma
der Opa
der Papa
die Scheidung
der Schwager
die Schwägerin
die Schwester

der Schwiegersohn
die Schwiegertochter
der Sohn
die Tante
die Tochter
der Vater
der Verwandte
die Verwandte

Wo steckt der Hausmeister?

Im Klassenzimmer der 2a flackert eine Deckenleuchte. Frau Blessing schickt Daniel zu Herrn Kurz, dem Hausmeister. Er soll eine neue Leuchtröhre einsetzen. Aber der Hausmeister ist nicht in seinem Raum. Daniel überlegt kurz und geht dann zum Lehrerzimmer. Der junge Lehrer, der drin sitzt, weiß nicht, wo der Hausmeister ist. „Frag mal Frau Gehlen im Sekretariat", rät er Daniel. Daniel war noch nie im Sekretariat. Sein Herz schlägt ein wenig schneller, als er anklopft.
„Herein!", ruft eine Stimme.
Daniel geht hinein, grüßt freundlich und fragt nach dem Hausmeister.
Im gleichen Augenblick kommt die Schulleiterin aus dem Rektorat.

„Herr Kurz müsste im Computerraum sein, um einen Stuhl zu reparieren", sagt sie. „Weißt du, wo der Computerraum ist?"
Daniel schüttelt den Kopf.
„Gleich die erste Tür rechts, wenn du die Treppe hinuntergehst", erklärt die Schulleiterin.
Daniel macht sich auf den Weg und sieht schon von der Treppe aus, dass die Tür zum Computerraum offen steht. Zögernd geht er hinein. Zwischen den vielen Computern kniet der Hausmeister auf dem Boden und schraubt die Rückenlehne an einem Stuhl fest. Daniel stellt sich neben ihn.
„Na, was gibt's?"
„Bei uns wackelt ein Licht, und das sollen Sie reparieren", antwortet Daniel.

Mein Wortschatz

anklopfen	der Raum
erklären	das Rektorat
der Computer	reparieren
der Computerraum	der Schüler
die Deckenleuchte	die Schülerin
der Hausmeister	der Schulhof
die Klasse	der Schulleiter
das Klassenzimmer	die Schulleiterin
die Kreide	die Schultasche
der Lehrer	das Sekretariat
die Lehrerin	die Tafel
das Lehrerzimmer	die Treppe
lernen	die Tür
die Leuchtröhre	der Unterricht
die Pause	das Zeugnis

reparieren

ausbessern
ganz machen
in Ordnung bringen
den Schaden beheben

„So, so, ein Licht wackelt", sagt Herr Kurz und schmunzelt. „In welche Klasse gehst du denn?" „2a", antwortet Daniel.

„Sobald ich hier fertig bin, komme ich", sagt der Hausmeister. Daniel nickt und läuft erleichtert zurück in seine Klasse.

Zwei fremde Kinder

Am Montagmorgen kommt die Lehrerin etwas später als sonst zur ersten Stunde. Dafür bringt sie zwei fremde Kinder mit. „Das sind Hedvika und Miroslav. Sie werden von heute an in unsere Klasse gehen“, sagt sie.
Jens will immer alles genau wissen. „Woher kommen die?“, fragt er.
„Hedvika und Miroslav kommen aus einem Land, in dem Krieg war“, antwortet die Lehrerin. „Beide haben ihre Eltern verloren und Miroslav wurde von einer Granate so schwer verletzt, dass die Ärzte sein linkes Bein amputieren mussten. Er hat jetzt zwar ein künstliches Bein, aber so gut gehen und laufen wie ihr kann er damit nicht.“
Nach diesen Worten wird es plötzlich ganz still in der Klasse. Deswegen spricht die Lehrerin weiter.
„Beide leben seit einem halben Jahr in Deutschland und wohnen jetzt bei Verwandten in unserer Stadt. Sie haben auch schon ein wenig Deutsch gelernt, so dass ihr mit ihnen reden könnt.“
Aber es dauert einige Zeit, bis sich die Ersten trauen. Sie möchten wissen, wie es im Krieg war, doch darüber wollen Hedvika und Miroslav nicht sprechen.
„Und wie ist es ohne richtiges Bein?“, fragt Jens.
Miroslav dreht sich um und läuft weg, so schnell er kann.
„Er traurig, weil nicht mehr kann Fußball spielen“, erklärt Hedvika.

Mein Wortschatz

ablehnen
akzeptieren
amputieren
anders
der Asylsuchende
die Asylsuchende
aufnehmen
auslachen
der Ausländer
die Ausländerin
behindert
berühren
die Bombe
dazugehören
fremd
die Fremdsprache
der Freund
die Freundin
die Freundschaft
die Granate
kennen lernen
der Krieg
das Land
die Menschlichkeit
das Misstrauen
das Mitleid
der Panzer
reden
sich trauen
traurig
verstehen
die Verwandten
das Vorurteil

schüchtern

ängstlich
befangen
gehemmt
unsicher
verlegen
zurückhaltend

„Da wäre ich auch traurig", sagt Philipp.
„Fußball nicht wichtig. Wichtig nur, dass keine Bomben aus Flugzeug fallen und Panzer nicht mehr schießen", sagt Hedvika leise.

Dabei steigen ihr Tränen in die Augen. Maria stellt sich so dicht neben sie, dass sie sich berühren und spüren.

Die Straße ist kein Spielplatz

Maxi ist mit seiner Oma unterwegs zum Spielplatz. Sie möchten auf die andere Straßenseite, aber die Autoschlange nimmt kein Ende.
Oma schüttelt den Kopf und sagt: „Stell dir mal vor, Maxi, auf dieser Straße haben wir als Kinder noch gespielt."
Das glaubt Maxi nicht. „Dann wärt ihr doch überfahren worden."
„Damals hat es noch nicht viele Autos gegeben", erzählt Oma. „Die Straße war unser Spielplatz. Wir spielten Fangen und Verstecken, ließen unsere Holzreifen rollen, gingen auf Stelzen oder fuhren Tretroller. Und manchmal spielten die Buben auch Fußball auf der Straße."
„Fußball? Auf der Straße?" Das kann sich Maxi nun wirklich nicht vorstellen.
„Und meistens waren Kinder da, mit denen man spielen konnte, ohne sich vorher erst verabreden zu müssen", erzählt Oma weiter.
Als sie den Spielplatz endlich erreicht haben, setzt Oma sich auf eine Bank. Maxi schaut sich um. Zwei Mädchen wippen, ein Junge sitzt im Gras und spielt Gameboy. Maxi kennt die Kinder nicht. Er ist froh, dass nur drei Kinder da sind. So hat er den ganzen Spielplatz fast für sich allein.

Mein Wortschatz

der Abenteuerspielplatz
allein
der Ball
das Brettspiel
der Bub
fahren
Fangen spielen
der Fußball
der Gameboy
gewinnen
der Holzreifen
der Junge
die Kinder
das Mädchen
rollen
die Rutschbahn
der Sandkasten
die Schaukel
spielen
der Spielplatz
die Stelzen
der Tretroller
sich verabreden
verlieren
Verstecken spielen
werfen
die Wippe
wippen
der Würfel
zusammen

Nicht echt

„Mama! Mama! Dennis hat seine Schwester unters Auto gestoßen!“, ruft Alexander.
„Was?! Wo?!“ Mama läuft an ihm vorbei ins Wohnzimmer und schaut aus dem Fenster. „Wo denn?“, fragt sie noch einmal.
„Da“, sagt Alexander und zeigt zum Fernseher.
„Ach so.“ Mama atmet erleichtert auf. „Nur im Film.“
„Aber sie hat doch geblutet“, sagt Alexander immer noch ganz aufgeregt.
„Das war nicht echt“, beruhigt ihn Mama. „Das war nur gespielt.“
„Und das Blut?“, fragt Alexander zweifelnd.
Mama erzählt ihm, dass Schauspieler in Filmen nicht wirklich verletzt werden oder sterben.
„Das Blut ist rote Farbe und die Verletzungen werden von Maskenbildnern auf die Haut gemalt, dass sie wie echt aussehen. Wenn die Szene gedreht ist, wird alles wieder weggeputzt und die Schauspieler gehen fröhlich nach Hause.“
Das kann Alexander fast nicht glauben, weil alles so echt ausgesehen hat.
„Und jetzt schalten wir lieber aus“, sagt Mama. „Zu viel fernsehen ist nämlich nicht gut.“
„Halt!“, ruft Alexanders große Schwester Jennifer. „Gleich kommt eine Sendung über Tiere im Wald. Unser Lehrer hat gesagt, die sollen wir anschauen, da könnten wir viel lernen.“
„Dagegen habe ich natürlich nichts“, sagt Mama. „Solche Sendungen finde ich sogar sehr sinnvoll.“

Mein Wortschatz

anschauen
aufgeregt
ausschalten
der Bildschirm
das Blut
bluten
echt
einschalten
die Farbe
die Fernbedienung
fernsehen
der Fernseher
der Film
das Kabelfernsehen
die Kamera

der Maskenbildner
die Maskenbildnerin
die Nachrichten
der Regisseur
die Regisseurin
der Schauspieler
die Schauspielerin
die Sendung
die Serie
sinnvoll
spannend
spielen
der Spielfilm
die Szene
die Verletzung

sehen

betrachten
glotzen
gucken
schauen
wahrnehmen

das Video
die Werbung

Wir machen Musik

Lena sitzt zu Hause und langweilt sich. Deswegen ruft sie Sophie an. Die liest ein unheimlich spannendes Buch und kann jetzt nicht weg.
„Blöde Ziege", murmelt Lena und wählt Philipps Nummer.
„Ich geh zum Bolzplatz", sagt Philipp. „Dort spielen wir Fußball."
„Fußball ist doof!", ruft Lena ins Telefon und legt auf.
Danach versucht sie es noch bei anderen Kindern. Sarah, Felix und Vanessa gehen ins Hallenbad, Timo ist nicht zu Hause und Franziska will um vier zum Kinderturnen.
„Komm doch mit", sagt sie.
„Keine Lust", brummt Lena. Sie trottet ins Wohnzimmer und will den Fernseher einschalten, da klingelt es an der Wohnungstür. Jonas aus dem vierten Stock steht draußen und sagt: „Hallo, Lena! Kommst du mit ins JUZ? Wir machen Musik und singen, das ist immer ganz toll!"
Lena zögert, aber weil sie nichts Besseres zu tun weiß, geht sie mit Jonas ins Jugendzentrum. Einige Kinder sind schon da. Frau Beller hat ihre Gitarre und andere Instrumente mitgebracht: Rasseln, Triangeln, verschiedene Trommeln und ein Xylophon. Miriam und Benedikt haben noch ihre Flöten dabei.
Zuerst probieren die Kinder alle Instrumente aus. Lena steht mitten drin und ist voll dabei.
Dann beginnt Frau Beller auf ihrer Gitarre zu spielen. Das klingt toll, findet Lena. So möchte sie auch spielen können.
Ob sie sich eine Gitarre zum Geburtstag wünschen soll?

Mein Wortschatz

basteln
der Bolzplatz
das Buch
der Chor
fernsehen
die Flöte
Fußball spielen
die Gitarre
das Hallenbad
das Hobby
das Instrument
das Jugendzentrum
das Kinderturnen
das Klavier
langweilig

lesen
das Lied
malen
die Musik
Musik hören
probieren
das Radfahren
die Rassel
schwimmen
singen
spannend
der Sport
die Triangel
die Trommel
das Xylophon

Eine neue Jacke

Florian braucht eine neue Jacke. Das meint jedenfalls seine Mutter. Sie fährt mit ihm zum Einkaufen in die Stadt. Dort gehen sie in ein Kaufhaus. Vor einem Ständer mit Sonderangeboten bleibt die Mutter stehen. Sie nimmt eine blaue Jacke heraus und sagt: „Die ist doch schön."
Florian schüttelt heftig den Kopf.
„Oder die."
„Die ist ja für Babys", sagt Florian. „Mit der lachen mich die anderen aus."
„Hauptsache, die Jacke hält schön warm", meint die Mutter.
Aber da ist Florian anderer Meinung. Ein paar Meter weiter sagt er: „So eine will ich!"
Während seine Mutter nach der passenden Größe und dem Preis schaut, kommt schon ein Verkäufer. „Das sind unsere aktuellen Herbstjacken. Die sind bei Jungen in seinem Alter zur Zeit der Renner." Er nimmt eine vom Ständer und Florian zieht sie an.
„Die steht dir sehr gut", sagt der Verkäufer.
Florian ist zufrieden. „Die will ich. So eine hat Maxi auch."
„Wir schauen uns erst noch weiter um", sagt die Mutter und will Florian die Jacke ausziehen. Als er sich wehrt, zischt sie ihn scharf an: „Florian!"

Mein Wortschatz

	aktuell	die	Kollektion
	anziehen	der	Mantel
	billig		modisch
	einkaufen		passen
der	Euro	der	Preis
die	Größe	der	Pullover
das	Hemd	der	Renner
	heruntergesetzt	der	Rock
die	Hose	der	Schlussverkauf
die	Jacke	der	Schuh
die	Jeans	das	Sonderangebot
	kaufen	der	Ständer
das	Kaufhaus		teuer
das	Kleid	der	Verkäufer
die	Kleidung	die	Verkäuferin

Ich brauche . . .

Ich hätte gern . . .

Ich möchte . . .

Ich will . . .

Ich wünsche mir . . .

Der Verkäufer entfernt sich. „Die Jacke kostet 99 Euro. Die können wir nicht kaufen, die ist viel zu teuer“, flüstert Florians Mutter.
Florian schaut ganz traurig.
„Wir kommen noch mal im Schlussverkauf her“, versucht seine Mutter ihn zu trösten. „Vielleicht ist die Jacke dann heruntergesetzt.“

Florian sagt nichts mehr. Er wird eben weiter seine alte Jacke tragen. Die mag er sowieso am liebsten!

Reise in die Vergangenheit

„Heute machen wir eine Reise in die Vergangenheit", sagt Papa.
„Hast du eine Zeitmaschine?", fragt Maria.
Papa schüttelt den Kopf und lächelt verschmitzt.
Wenig später sitzt die ganze Familie im Auto.
„Fahren wir zu einer Ritterburg?", möchte Moritz wissen.
„Nicht ganz", antwortet Papa.
„Oder zu einem Schloss?", fragt Maria.
„Auch nicht", sagt Papa. „Früher hat es ja nicht nur Ritter und Fürsten gegeben – sondern?"
Maria und Moritz sehen einander ratlos an. Aber bald hat die Raterei ein Ende. Sie parken vor einem Gartenzaun, hinter dem ein altes Dorf als großes Museum im Freien aufgebaut wurde.
„In so einem Dorf haben unsere Großeltern als Kinder noch gelebt", sagt Mama.
Sie gehen durch ein Bauernhaus. Dabei wird den Kindern klar, was es früher alles nicht gab: Elektroherd, Kühlschrank, Spülmaschine, Mikrowelle, Fernseher, Computer, Waschmaschine.

Mein Wortschatz

das Auto
automatisch
der CD-Player
der Computer
elektrisch
der Elektroherd
das Faxgerät
der Fernseher
der Fortschritt
früher
der Fürst
das Handy
das Holz
klingeln
die Kohlen

der Küchenherd
der Kühlschrank
die Mikrowelle
das Museum
der Ofen
die Ritterburg
das Schloss
die Spülmaschine
der Strom
das Telefon
die Vergangenheit
der Videorekorder
die Waschmaschine
die Zeit
die Zeitmaschine

„Gekocht und geheizt wurde mit Holz und Kohlen im Küchenherd", erklärt Mama. „Und in der Wohnstube stand noch ein Ofen. In den anderen Zimmern wurde nicht geheizt."
„Auch im Winter nicht?", fragt Moritz.
In diesem Augenblick klingelt es in Papas Jacke.
„Das Handy passt überhaupt nicht hierher", meint Mama etwas genervt.
„Entschuldigung", sagt Papa und schaltet es aus.
„Auch im Winter nicht", beantwortet Mama die Frage. „Das Leben war damals viel härter als heute. Die meisten Arbeiten mussten noch von Hand gemacht werden." Mama wirft Papa einen Blick zu. „Aber dafür wurden die Menschen nicht überall und zu jeder Zeit von piepsenden Telefonen gestört."

Arme, Beine, Po und Bauch

Sport steht auf dem Stundenplan. Manche Kinder freuen sich, andere würden lieber rechnen oder schreiben.
„Nicht nur der Kopf ist wichtig“, sagt die Lehrerin, „sondern der ganze Körper. Deswegen müssen wir auch für den ganzen Körper etwas tun.“

Die Kinder laufen im Kreis. Einige keuchen schon in der zweiten Runde. Ihre Beine werden schwer, ihr Herz klopft heftig. Danach ist Gymnastik dran: Arme kreisen, Rumpf beugen und mit den Händen die Füße berühren, Oberschenkel- und Wadenmuskeln dehnen, Füße kreisen, auf Händen und Knien gehen, Katzenbuckel machen, auf dem Rücken liegend Kopf und Oberkörper anheben, dann die Beine, um die Bauchmuskeln zu stärken. Das schaffen nicht alle Kinder. Sie liegen platt am Boden.

Mein Wortschatz

anheben
der Arm
atmen
das Auge
der Bauch
die Bauchmuskeln
das Bein
berühren
beugen
die Brust
dehnen
der Finger
der Fuß
die Gymnastik
die Hand
das Herz
keuchen
das Knie
der Kopf
der Körper
laufen
der Mund
die Nase
der Oberkörper
der Oberschenkel
das Ohr
der Po
der Rücken
der Rumpf
schwer

der Sport
turnen
die Wadenmuskeln
der Zeh

„Ich kann nicht mehr“, keucht Patrick.
„Jetzt darfst du dich kurz ausruhen, bevor wir weitermachen“, sagt die Lehrerin.
Patrick hebt den Kopf ein wenig. „Und was kommt dann?“
„Bodenturnen“, antwortet die Lehrerin.
„Oh nein!“, seufzt Patrick. Er lässt den Kopf sinken und schließt die Augen. Wenn doch die Sportstunde nur schon vorbei wäre!

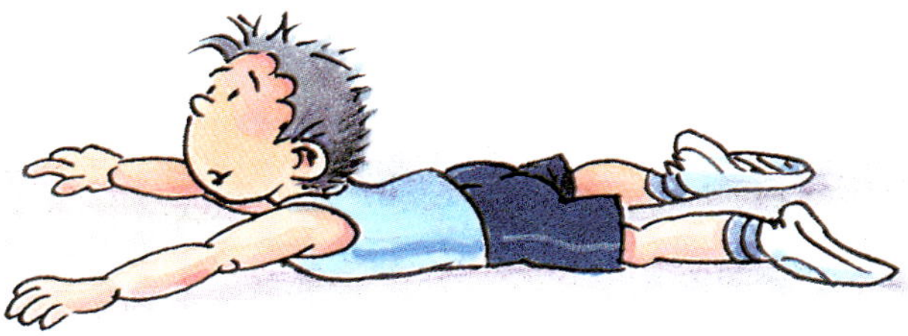

Hier bin ich!

Am Strand bauen ein paar Kinder eine Sandburg.
„Sie muss noch höher werden“, sagt Ayshe und holt Wasser. Damit panschen sie frischen Sandmörtel, der nur so durch die Finger quillt. Das fühlt sich gut an. Am Ende sind die Kinder mit ihrer Burg sehr zufrieden.
„Und jetzt?“, fragt Lasse.
Zuerst lutschen sie ein Eis. Das schmeckt lecker. Dann spielen sie Blindekuh. Lasse bekommt als Erster die Augen verbunden. Er spitzt die Ohren, um die anderen zu hören.
„Hier bin ich! Nein hier! Und schon wieder da!“, rufen die Kinder durcheinander.
Lasse dreht sich, greift hier hin und dort hin, aber immer ins Leere.
„Mama, was spielen die Kinder?“, hört er plötzlich eine Mädchenstimme fragen.
„Blindekuh“, antwortet die Mutter.
„Da kann ich mitspielen, ohne dass sie mir die Augen verbinden“, sagt das Mädchen.
Lasse versteht den Satz nicht, nimmt das Tuch von den Augen und sieht erst jetzt, was die anderen Kinder längst bemerkt haben: Das Mädchen ist blind.
„Darf ich mitspielen?“, fragt das Mädchen. „Ich heiße Kati.“
Die Kinder sind so durcheinander, dass sie nur nicken. Und Lasse streckt dem Mädchen das Tuch entgegen.
„Darf ich?“, wiederholt Kati.
„Klar“, antwortet Ayshe.
Es dauert nicht lange, bis Kati die ersten Kinder erwischt hat. Vielleicht kommt das daher, dass sie besser hören und riechen kann als die anderen. Jedenfalls strahlt Kati über das ganze Gesicht.

Mein Wortschatz

die Augen
bitter
blind
Blindekuh
bunt
dunkel
die Finger
fühlen
das Gesicht
hart
die Haut
hell
hören
laut
lecker
leise
lutschen
die Nase
die Ohren
panschen
quillen
rau
riechen
salzig
sauer
schmecken
sehen
süß
weich
die Zehen
die Zunge

hören

horchen
lauschen
lange Ohren machen
die Ohren spitzen

Ein Monstergebiss

Auf dem Lehrertisch liegt ein riesiges Gebiss. Ein richtiges Monstergebiss. Es ist den Kindern ein wenig unheimlich.
„Keine Angst, es beißt nicht“, sagt die Zahnärztin Frau Dr. Walter lächelnd.
Sie hat das Gebiss in die Schule mitgebracht, um den Kindern daran zu zeigen, wie man die Zähne richtig putzt.
„Das weiß ich schon lange!“, ruft Hannes und reibt mit dem Zeigefinger auf seinen Zähnen hin und her.
„Das genügt nicht“, sagt Frau Dr. Walter. „Wie man die Zähne richtig putzt, schauen wir uns jetzt gemeinsam an dem großen Gebiss an. Wer möchte es mal versuchen?“
Zuerst melden sich nur Vanessa und Niklas. Nach ihnen trauen sich auch andere an das Monstergebiss heran.
Doch die meisten putzen die Zähne falsch. Deswegen zeigt Frau Dr. Walter ganz langsam, wie man es richtig macht.
„Wir beginnen innen und lassen die Zahnbürste auf jedem Zahn kreisen. Also nicht einfach hin und her oder rauf und runter, sondern immer in kleinen Kreisen putzen. Wenn wir innen fertig sind, putzen wir außen. Und die Kauflächen dürfen wir auch nicht vergessen. Das ist natürlich ein bisschen anstrengender als nur hin- und herzuputzen, aber dafür bekommen unsere Zähne keine Löcher und der Zahnarzt muss nicht bohren.“

Mein Wortschatz

außen
der Backenzahn
beißen
bohren
essen
das Gebiss
groß
innen
die Karies
die Kaufläche
kreisen
das Loch
die Mahlzeit
der Milchzahn
die Plombe

putzen

reinigen
sauber machen
säubern
scheuern
schrubben

Sag's mal anders!

putzen
regelmäßig
reiben
richtig
die Schleckermäulchen
der Schneidezahn
Süßes
vergessen
der Zahnarzt
die Zahnärztin
die Zahnbürste
die Zahnpasta
das Zahnweh
die Zähne
ziehen

Zum Schluss möchte Frau Dr. Walter noch wissen, wie oft man die Zähne putzen sollte.
„Zweimal! Nein, dreimal! Nach dem Essen. Am Morgen und am Abend!“, rufen die Kinder durcheinander.
„Nicht schlecht“, sagt die Zahnärztin. „Am besten ist es, wenn wir unsere Zähne nach jeder Mahlzeit putzen, vor allem wenn wir etwas Süßes gegessen haben.“
„Dann müsste ich meine den ganzen Tag putzen“, flüstert Raphaela, die ein Schleckermäulchen ist. Sie denkt an ihre vielen Plomben.

Kopf hoch, Philipp!

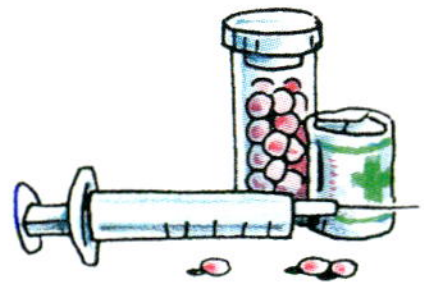

Canan und Philipp klettern im Garten um die Wette. Dabei rutscht Philipp ab und stürzt zu Boden. Nach einer Schrecksekunde fängt er an zu schreien. Papa kommt aus dem Haus gelaufen.
„Mein Bein tut so weh", jammert Philipp.
Papa überlegt nicht lange, trägt ihn zum Auto und fährt ihn zum Arzt. Dort wird Philipp gleich auf die Liege im Behandlungszimmer gelegt.
Dr. Vollmer kommt herein, untersucht Philipp und stellt fest: „Gebrochen ist nichts. Du hast also noch mal Glück gehabt, Philipp."
Das rechte Fußgelenk ist verstaucht. Dr. Vollmer verteilt eine kühlende Salbe um den Knöchel herum und legt einen straffen Verband an. Dann setzt er sich an seinen Computer und beginnt zu schreiben. Wenig später rattert es und ein Rezept kommt zum Vorschein.

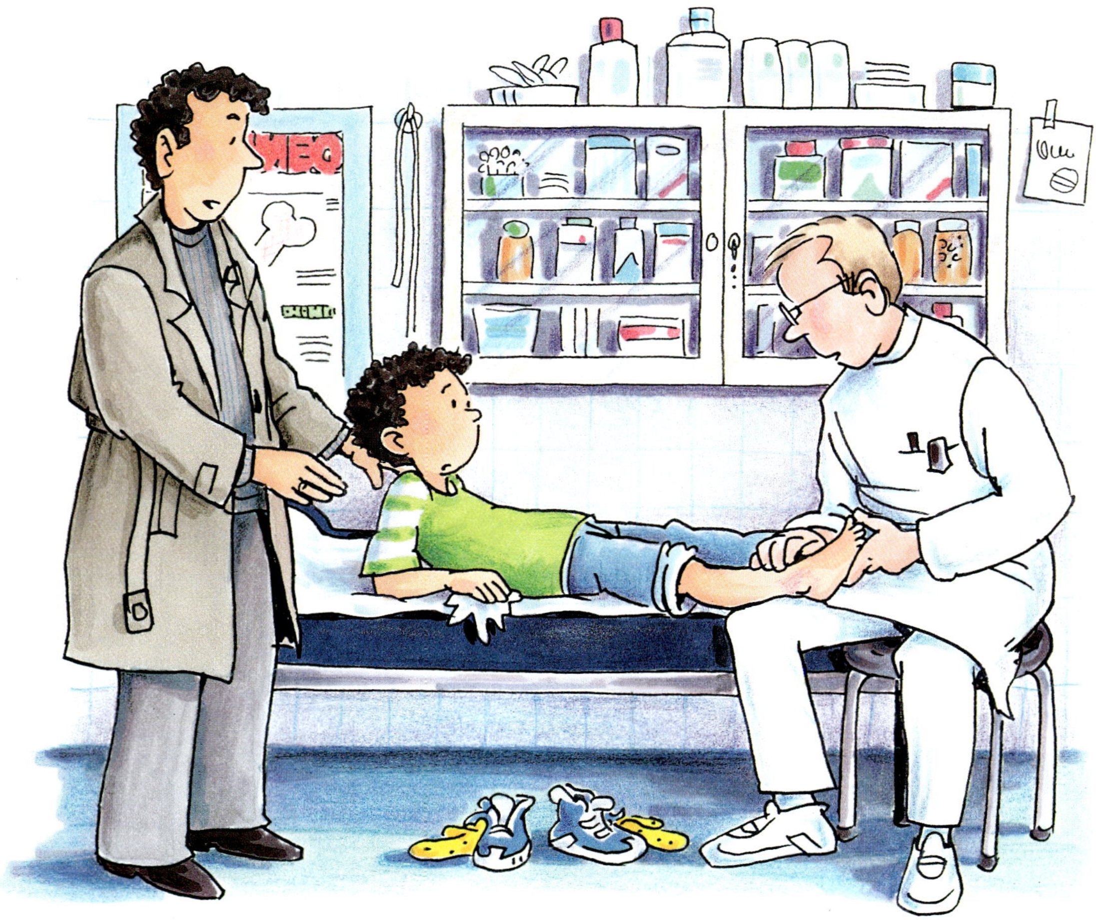

Mein Wortschatz

stürzen

ausrutschen
fallen
purzeln
straucheln

Sag's mal anders!

die	Apotheke				
der	Arzt				
die	Ärztin				
das	Behandlungszimmer				
	bluten				
das	Fußgelenk				
	gebrochen				
das	Glück	das	Pflaster	die	Tropfen
	helfen	das	Rezept	der	Unfall
der	Knöchel	die	Salbe		untersuchen
das	Krankenhaus	der	Schmerz	der	Verband
die	Liege	das	Schmerzmittel		verletzt
die	Medizin	die	Spritze		verstaucht
der	Patient	das	Stethoskop		wehtun
die	Patientin	die	Tablette	die	Wunde

„Ich habe ein leichtes Schmerzmittel aufgeschrieben“, sagt Dr. Vollmer zu Philipps Vater. „Davon soll er gleich einen Messlöffel voll nehmen und heute Abend noch mal einen. Die Salbe tragen Sie bitte dreimal täglich auf die verletzte Stelle auf und legen anschließend den Verband wieder an.“ Er wendet sich Philipp zu: „Kopf hoch! In einer Woche sehen wir uns wieder, dann ist das Schlimmste schon überstanden.“ Philipp nickt. Papa trägt ihn zum Auto und fährt sofort zur Apotheke, um das Schmerzmittel und die Salbe zu holen.

Zu Hause füllt er einen Messlöffel. „Schmeckt der Saft bitter?“, fragt Philipp.
„Ich weiß nicht“, antwortet Papa. „Hauptsache, er hilft.“

Alles schön süß?

Mama und Papa sind verschwunden! Lisa läuft suchend durch die vielen Gänge und kommt sich vor wie in einem Labyrinth.

„Lisa!", hört sie Papa hinter sich rufen und rennt ihm erleichtert in die Arme. „Wo wart ihr denn?"

„Beim Käse."

„Warum gibt es hier auch so viele Sachen, dass man sich verirren kann?", fragt Lisa vorwurfsvoll.

„Das frage ich mich auch."

Papa macht eine wegwerfende Handbewegung. „Und alles gleich mehrfach. Zehnerlei Kaffee, Jogurt, Pudding, Marmelade, Ketschup, Obstkonserven, Eier – wenn das überhaupt reicht."

„Was meckerst du schon wieder?", fragt Mama, die mit dem Einkaufswagen kommt. „Wir können froh sein, dass wir so eine große Auswahl haben."

„Aber überall sind Aroma- und Konservierungsstoffe drin", redet Papa weiter. „Und Zucker, damit auch alles schön süß schmeckt."

„Deswegen kaufen wir ja vieles im Bio-Laden oder machen es selbst", sagt Mama.

Sie gehen weiter zum Getränkemarkt. Lisa möchte Limonade, Mama schüttelt den Kopf. „Da ist auch wieder viel Zucker drin und noch anderes ungesundes Zeug."

„Den Durst löscht Mineralwasser sowieso viel besser als klebrige Limonade", meint Papa. Er stellt zwei Kisten unten in den Wagen.

„Und zum Mischen nehmen wir noch einen guten Apfelsaft ohne Zuckerzusatz mit", sagt Mama.

Lisa zieht eine Schnute. Sie hätte lieber eine Kiste Limo gekauft, auch wenn die nicht so gesund ist wie Mineralwasser.

Mein Wortschatz

der Apfelsaft
das Aroma
die Auswahl
der Bio-Bauernhof
der Bio-Laden
BSE
das Ei
der Einkaufswagen
das Gemüse
gesund
der Getränkemarkt
der Jogurt
der Kaffee
der Käse
kaufen
der Ketschup
der Konservierungsstoff
die Limonade
die Marmelade
das Mehrkornbrot
die Milch
das Mineralwasser
das Obst
die Obstkonserven
der Pudding
ungesund
vegetarisch
die Vitamine
der Zucker
der Zuckerzusatz

trinken

nippen
nuckeln
saufen
schlürfen

Immer Ferien?

Bis vor sechs Wochen hat Sergios Mutter in einer Werkzeugfabrik gearbeitet. Weil zwei moderne Maschinen gekauft wurden, braucht man sie nun nicht mehr. Jetzt sucht sie eine neue Arbeitsstelle.
„Vielleicht lasse ich mich auch umschulen und mache etwas mit Computern“, sagt sie. „Das hat mehr Zukunft als die Metallverarbeitung.“
„Ich werde mal Profifußballer und verdiene ganz viel Geld“, sagt Sergio. „Dann muss ich gar nicht mehr arbeiten.“
„Und was machst du, wenn du zum Kicken zu alt bist?“
„Ferien.“
Sergios Mutter lacht. „Von 35 an Ferien, ich bin sicher, das würde dir bald langweilig werden.“
„Bestimmt nicht.“
„Hör mal, Sergio“, sagt die Mutter jetzt einen Ton ernster, „der Mensch kann nicht immer Ferien haben.
Er muss etwas tun können, möglichst etwas Sinnvolles. Und deswegen braucht er eine Arbeit, auch wenn er genug Geld hat und auf den Lohn gar nicht angewiesen ist.“
Sergio guckt seine Mutter fragend an. „Ich freue mich, dass du so ein guter Fußballer bist, und du sollst auch weiter fleißig trainieren. Aber mindestens so wichtig ist für deine Zukunft, dass du in der Schule viel lernst, damit du später einen Beruf wählen kannst, der dir Freude macht.“
Sergio nickt, damit seine Mutter zufrieden ist.

Mein Wortschatz

trainieren

probieren
üben
versuchen

der Angestellte
die Angestellte
arbeiten
der Arbeiter
die Arbeiterin
arbeitslos
die Arbeitsstelle
die Ausbildung
der Auszubildende
die Auszubildende
der Beamte
die Beamtin
der Beruf
das Büro
die Computerfachleute

die Ferien
fleißig
das Gehalt
das Geld
der Lohn
die Maschine
der Mechaniker
die Mechanikerin

die Metallverarbeitung
modern
der Profifußballer
die Rente
umschulen
der Urlaub
verdienen
die Werkzeugfabrik

Es brennt!

„Es brennt!“, ruft Frau Kolbe mitten in der Stunde. Die Kinder schrecken auf und laufen zu ihrer Lehrerin nach vorn.
„Was müssen wir jetzt tun?“, fragt sie.
„Schnell hinaus ins Freie!“, ruft Marcel.
„Wir lassen alles stehen und liegen und gehen hinaus, aber ohne zu drängeln und zu rennen“, sagt Frau Kolbe und lässt die Kinder vorbei.
„Halt!“, ruft sie plötzlich.
Die Kinder bleiben stehen und schauen verunsichert zurück.
„Das habt ihr prima gemacht“, lobt die Lehrerin ihre Klasse. „So muss es klappen, wenn es wirklich brennt, dann passiert keinem etwas.“
Die meisten Kinder sind erleichtert, dass es ein falscher Alarm war.
Einige sind enttäuscht.
„Ich hab mich schon gefreut, dass hier mal was Tolles passiert“, murmelt Steffen.
Marina zeigt ihm einen Vogel.
„Was müssten wir als Nächstes tun, wenn wir in Sicherheit wären?“, möchte Frau Kolbe wissen.
„Die Feuerwehr alarmieren!“, rufen mehrere gleichzeitig.
„Mit der Nummer 112“, fügt Sarah noch hinzu.
„Sehr gut“, sagt Frau Kolbe. Sie winkt die Kinder zum Fenster.
Auf dem Schulhof steht ein echtes Feuerwehrauto. Jetzt sind die meisten nicht mehr zu halten.
Unten warten schon zwei Feuerwehrleute, zeigen und erzählen den Kindern eine Menge.
Zum Schluss hat Steffen noch eine Frage: „Wie geht es, dass die Feuerwehr immer so schnell ist?“
„Tja, dazu ist sehr viel Übung nötig“, antwortet einer. „Wir müssen jeden Handgriff immer wieder üben, bei Tag und Nacht, bei jedem Wetter. Nur so ist es möglich, dass alles reibungslos klappt und wir so schnell am Einsatzort sein können.“

Mein Wortschatz

alarmieren
das Atemschutzgerät
die Ausrüstung
der Brand
brennen
die Drehleiter
der Einsatzort
falscher Alarm
der Feuerlöscher
die Feuerwehr
das Feuerwehrauto
die Feuerwehrleute
der Feuerwehrmann
ins Freie
das Funkgerät
in Gefahr
der Helm
die Hilfe
das Löschfahrzeug
reibungslos
retten
der Schlauch
die Schnelligkeit
der Schrecken
die Schutzkleidung
die Sicherheit
das Sprungpolster
das Sprungtuch
die Übung
vorsichtig

drängeln

drücken
quetschen
schieben
schubsen
stoßen

„Aber genauso wichtig ist, dass die Leute wissen, was sie tun müssen, wenn's brennt oder wenn wir sonst gebraucht werden", sagt der zweite Feuerwehrmann. „Denn wenn wir zu spät gerufen werden, nützt all unsere Schnelligkeit nichts."

Das Schönste auf der Welt

Axel guckt vorsichtig aus seinem Zimmer, schleicht auf Zehenspitzen aus dem Haus, schiebt sein Fahrrad aus dem Garten und zischt mit einem Affenzahn davon. „Jippie!“, ruft er in sicherer Entfernung und ballt die Faust. Er fährt mal wieder zum Bauernhof am Rand des Dorfes. Hasso bellt ihm freudig entgegen. „Hallo, Axel!“, begrüßt ihn Bauer Jürgen. „Ich muss Grünfutter holen, willst du mitkommen?“

Axel nickt. Für ihn gibt es nichts Schöneres, als Jürgen bei der Arbeit zu helfen. Ob Heu-, Getreide- oder Kartoffelernte, ob Kühe melken, Schweine und Hühner füttern, ob säen, mähen oder pflügen, Axel ist mit Feuereifer dabei.
Um das Heu, das in zwei hohen Silos gelagert wird, für den Winter und das Frühjahr aufzusparen, holt Jürgen Grünfutter, solange es geht.

Mein Wortschatz

der Acker
ausmisten
der Bauer
die Bäuerin
der Bauernhof
die Ernte
das Feld
füttern
die Gans
das Getreide
das Gras
das Grünfutter
der Hahn
das Heu
das Huhn

die Kartoffel
der Kleinbauer
die Kuh
die Landwirtschaft
mähen
melken
die Melkmaschine
die Milch
der Mist
das Pferd
pflügen
säen
das Schaf
die Scheune
das Schwein

füttern
aufpäppeln
ernähren
zu fressen geben
mästen
verpflegen
versorgen

der Silo
der Stall
das Stroh
der Traktor
die Zitze

Und den Kühen ist das frische Gras lieber als trockenes Heu. Während Jürgen und Axel die Kühe füttern, legt die Bäuerin Karin einer Kuh nach der anderen die Saugrohre der elektrischen Melkmaschine an. „Früher musste jede Kuh von Hand gemolken werden“, sagt Karin zu Axel. „Und viele Kleinbauern tun das auch heute noch, weil eine Melkmaschine für sie zu teuer ist.“ Das möchte Axel mal probieren. Karin zeigt ihm, wie es geht, und sofort schießt ein Milchstrahl aus der Zitze. Als Axel an den Zitzen zieht, muht die Kuh laut. Sonst tut sich nichts. Erst nach mehreren Versuchen kommen ein paar Tropfen.
„Melken von Hand ist nicht einfach und ziemlich anstrengend“, sagt Karin und melkt die Kuh zu Ende. Axel nickt und hilft Jürgen lieber beim Stallausmisten.
Als er am Abend nach Hause kommt, muss Axel sich sofort ausziehen und unter die Dusche.
„Ich verstehe nicht, was dir an dem stinkenden Bauernhof so gefällt“, sagt sein Vater.
„Alles!“

Viele Körner

Mama und Selina machen eine kleine Radtour. Auf einem schmalen Feldweg müssen sie anhalten, weil ein Mähdrescher gerade wendet. „Der mäht, drischt das Korn und presst das Stroh zu Ballen“, erklärt Mama. „Alles gleichzeitig. Deswegen macht er auch so viel Lärm.“ Sie reißt einen Halm ab, reibt die Ähre zwischen den Händen und pustet die Spreu weg, sodass die Körner zum Vorschein kommen. „So macht es der Mähdrescher im Grunde auch“, sagt Mama. „Und aus diesen Körnern wird Mehl gemacht ...“
„Und damit backt der Bäcker Brot und Kuchen“, führt Selina den Satz fort. Sie schauen dem Mähdrescher noch eine Weile zu. Dann fahren sie weiter. Unterwegs halten sie noch bei einer Bäckerei, um Brot zu kaufen. Vor ihnen ist ein älterer Mann dran, der zwei Brötchen möchte. „Aber keine mit Körnern drin“, sagt er, „dass mir beim Beißen fast die Zähne ausfallen.“

„Die Vollkornbrötchen sind aber sehr gesund“, entgegnet die Verkäuferin. Der Mann winkt ab. „Lassen Sie mich mit gesunden Brötchen in Ruhe. Schmecken müssen sie mir, sonst nichts.“

Die Verkäuferin packt ihm zwei helle Brötchen ein, damit der Mann zufrieden ist.

Selinas Mama achtet mehr auf gesunde Ernährung. Deswegen nimmt sie ein Sechskornbrot.

„Sind da sechs Körner drin?“, fragt Selina.

„Nicht sechs Körner, sondern sechs verschiedene Sorten“, antwortet Mama.

„Das muss man natürlich länger kauen als so ein einfaches weißes Brot“, sagt die Verkäuferin.

„Aber dafür hat man auch viel mehr davon.“

Mein Wortschatz

kauen

beißen
essen
knabbern
mümmeln

die Ähre
backen
der Bäcker
die Bäckerei
die Bäckerin
das Baguette
die Brezel
das Brot
das Brötchen
das Croissant
dreschen
die Ernährung
das Gebäck
gesund
der Halm
das Hörnchen
der Keks
das Korn
der Kuchen
der Mähdrescher
mähen
das Mehl
das Roggenmehl
das Sechskornbrot
die Sorte
die Spreu
der Teig
die Torte
der Verkäufer
die Verkäuferin
das Vollkornbrot
das Vollkornbrötchen
das Weizenmehl

Noch mal Glück gehabt

Nach Schulschluss laufen viele Jungen und Mädchen über den Schulhof, um als Erste bei den Bussen zu sein. Dort gibt es dann das tägliche Geschubse und Gedränge. Svenja läuft zwischen zwei Bussen hindurch auf die Fahrbahn – genau vor ein Auto. Der Autofahrer tritt auf die Bremse, dass die Reifen quietschen, und kann gerade noch einen Unfall verhindern. Das Kind auf dem Rücksitz ist zum Glück angeschnallt, sonst wäre es bei dieser Vollbremsung nach vorne geflogen und hätte sich vermutlich verletzt.
Lukas und Aileen sind wie andere Kinder sehr erschrocken.
„Da hat Svenja noch mal Glück gehabt“, sagt Lukas.
Er und Aileen gehen weiter bis zum Fußgängerüberweg. Weil das rote Männchen an der Ampel leuchtet, warten sie.
„Warum wartet ihr denn?“, fragt Samuel. „Es kommt doch gar kein Auto.“ Und schon ist er auf der Straße. Er bleibt sogar stehen und ruft zurück:
„Na los, ihr Angsthasen!“
„Pass auf!“, ruft Aileen ihm zu, weil zwei Radfahrer angesaust kommen. Samuel springt zur Seite, stolpert und landet ziemlich unsanft auf dem Po.
Inzwischen leuchtet das grüne Männchen, Aileen und Lukas schauen zur Sicherheit noch nach links und rechts und gehen los.
„Bäh!“, macht Samuel und streckt ihnen die Zunge raus, als sie neben ihm stehen.
„Du bist doof“, sagt Aileen.
„Und ihr seid Angsthasen“, behauptet Samuel.
Aileen und Lukas lassen Samuel einfach stehen. Er ruft ihnen noch etwas hinterher, aber die beiden halten sich die Ohren zu.

Mein Wortschatz

die Ampel
angeschnallt
aufpassen
das Auto
der Autofahrer
die Bremse
der Bus
die Fahrbahn
der Fußgängerüberweg
das Gedränge
der Gehweg
die Kreuzung
leuchten
links
das Motorrad

erschrocken

bestürzt
entgeistert
entsetzt
fassungslos

parken
quietschen
der Radfahrer
rechts
der Reifen
der Rücksitz
die Sicherheit
der Stau
die Straße
überholen
der Unfall
das Verkehrsschild
verletzt
die Vollbremsung
der Zebrastreifen

Immer diese Abfallberge

„Vincent!“, ruft Mama. „Bring bitte den Abfall hinaus!“
„Immer ich“, brummt Vincent, nimmt den Abfalleimer und geht hinters Haus, wo die Mülltonnen stehen. Die Restmülltonne quillt schon über. Weil er den Abfall nicht wieder zurücktragen will, wirft Vincent ihn einfach in die Biotonne, obwohl er da nicht hineingehört.
Einige Zeit später hört Vincent eigenartige Geräusche. „Was ist das?“, fragt er.
„Keine Ahnung“, antwortet Mama. Beide gehen auf den Balkon – und trauen ihren Augen nicht. Der Parkplatz und der Weg zum Haus sind voller Müll. Ebenso die Straßen. Und aus den Tonnen quillt unaufhörlich Müll, immer mehr Müll. Nicht nur aus den Tonnen von Vincents Haus, nein, aus allen Tonnen bei allen Häusern.
Die Leute verriegeln Türen und Fenster. Draußen begraben die Müllmassen Autos unter sich.
Als die erste Ladung Müll auf den Balkon schwappt, ruft Vincent um Hilfe. Durch diesen Hilferuf wacht er auf, liegt nass geschwitzt und mit klopfendem Herzen im Bett.
Ein Glück, dass alles nur ein Traum war, denkt er. Aber nach diesem Alptraum kann Vincent lange nicht einschlafen. Und er fragt sich, warum er solche Sachen träumt.

Mein Wortschatz

eigenartig

außergewöhnlich
komisch
seltsam
ungewöhnlich

der Abfall
der Abfalleimer
Abfall vermeiden
der Altglascontainer
die Altkleidersammlung
die Biotonne
entsorgen
der gelbe Sack
giftig
kaputt
der Komposthaufen
der Müll
die Müllabfuhr
der Müllberg
die Mülldeponie
der Müllmann
die Müllmassen
die Mülltonne
die Mülltrennung
der Papierkorb
die Papiertonne
das Pfandglas
das Recycling
die Restmülltonne
der Sondermüll
der Sperrmüll
umweltfreundlich
verbraucht
wegwerfen
der Wertstoff
die Wiederverwertung

Leicht bewölkt

Morgen will die Schillerschule ihren halbjährlichen Wandertag durchführen – wenn das Wetter mitmacht. Gegen Abend möchte Miriam von ihrem Papa wissen, ob morgen schönes Wetter ist.
„Ich glaube schon."
„Aber du bist nicht sicher", hakt Miriam nach.
„Ganz sicher kann niemand das Wetter vorhersagen", meint Papa.
„Aber im Radio und im Fernsehen sagen sie doch immer, wie das Wetter am nächsten Tag wird." Miriam lässt nicht locker.
„Richtig", bestätigt Papa. „Die wissen von den Wetterstationen und von Satelliten im Weltraum, ob der Wind aus kalten oder warmen Gebieten kommt, ob Wolken im Anzug sind oder nicht. Wenn die Satellitenfotos zeigen, dass es morgen über Deutschland bewölkt sein wird, heißt das aber noch nicht, dass es über unserer Stadt regnet. Vielleicht lassen die Wolken den Regen erst fünfzig Kilometer weiter fallen. Nur wenn es fast windstill ist und keine Wolken in Sicht sind, weiß man ziemlich sicher, dass es am nächsten Tag schön sein wird."
Miriam läuft in den Garten und kommt wenig später zurück.
„Es weht nur ein ganz, ganz leichter Wind und es sind nur ein paar kleine Wolken am Himmel."
„Wie könnte das Wetter dann morgen sein?", fragt Papa.
Miriam überlegt, bevor sie antwortet:
„Leicht bewölkt, aber trotzdem schön, glaube ich."
Papa schmunzelt. „Das war fast so gut wie die Wettervorhersage im Radio."

Mein Wortschatz

leicht

ein bisschen
kaum
unwesentlich
wenig

bewölkt
der Blitz
der Donner
eisig
fallen
das Fernsehen
das Gewitter
der Hagel
heiß
der Himmel
kalt
kühl
der Meteorologe
die Meteorologin
der Nebel
das Radio
der Regen
regnen
der Satellit
der Schnee
schön
schwül
der Sturm
stürmisch
die Temperatur
vorhersagen
warm
der Weltraum
das Wetter
die Wetterstation
die Wettervorhersage
der Wind
die Windstärke
windstill
die Wolke

Wenn der Wasserhahn tropft

Seit drei Tagen benimmt sich Felix sehr eigenartig. Sobald im Haus irgendwo Wasser läuft, ist er sofort zur Stelle und schreibt seine Beobachtungen in ein Notizbuch – wie ein Detektiv.
„Was soll denn das?“, fragt seine Mutter schon leicht genervt.
„Ihr verbraucht alle zu viel Wasser“, sagt Felix.
„Wie bitte?“, fragt der Vater.
„Was soll das heißen?“
Felix schlägt sein Notizbuch auf und liest vor: „Der Wasserhahn läuft beim Spülen. Felicitas duscht zweimal am Tag. Mama nimmt ein Vollbad statt zu duschen. Alle spülen auf dem Klo zu lange. Wasserhahn im Bad tropft. Papa wäscht das Auto, obwohl es nicht schmutzig ist ...“
„Jetzt reicht's!“, unterbricht ihn der Vater. „Wie kommst du dazu ...“
„Wir müssen aufschreiben, wo unnötig Wasser verbraucht wird und wie man Wasser sparen kann“, sagt Felix schnell.
„Ja aber ...“
„Die Leute denken immer, es gäbe genug Wasser, weil man nur einen Hahn aufdrehen muss und schon läuft es“, redet Felix einfach weiter.

Mein Wortschatz

kostbar

- einmalig
- rar
- viel wert
- wertvoll

der Bach
duschen
feucht
der Fluss
gereinigt
die Kläranlage
das Klo
knapp
kochen
kostbar
das Meer
nass
die Quelle
der Regen
salzig
schmutzig
der See
sparen
spritzen
spülen
der Teich
trinken
das Trinkwasser
tröpfeln
verbraucht
das Vollbad
waschen
das Wasser
der Wasserhahn
die Wasserleitung
der Wasserverbrauch

„Aber gutes Wasser ist knapp. Das meiste Wasser auf der Erde ist so salzig oder schmutzig, dass man es zum Trinken, Kochen und Waschen nicht nehmen kann. Und das Wasser aus Flüssen und Seen muss in Kläranlagen gereinigt werden, bevor es sauber aus dem Hahn läuft. Das ist sehr teuer."
Felix' Eltern sind sprachlos. Dafür redet Felix weiter: „Sauberes, gutes Wasser ist sehr kostbar. Deshalb müssen wir damit sparen und dürfen es nicht unnötig verbrauchen."
Die Eltern gucken wie zwei ertappte Kinder und können nur nicken.

Ein kleines Paradies

Familie Finkenstein macht eine Radtour ins Grüne. Nach ein paar Kilometern ruft Manuel: „Anhalten! Ich brauche eine Pause!“
Die Eltern und Franziska bremsen und stellen ihre Räder ab.
Manuel geht zum Ufer des Baches, der neben dem Radweg fließt.
Er schöpft mit den Händen Wasser und klatscht es sich ins Gesicht, um sich zu erfrischen. Dann will er davon trinken.
„Nicht trinken“, sagt Mama.
„Man weiß nie, was in dem Wasser alles drin ist.“
„Aber es ist doch ganz klar.“
„Trotzdem könnten Giftstoffe drin sein, die man nicht sieht“, sagt Papa.
„Da schwimmt ein Fisch!“, ruft Franziska. „Und da noch einer!“
Alle schauen gebannt den beiden Fischen zu, wie sie flink zwischen den Steinen verschwinden.

Nach einer kleinen Pause fährt die Familie weiter bis zu einem Teich. Dort schwimmt eine Ente mit ihren Küken. Aus dem Schilf steigen Vögel auf. Und mitten im Teich blühen sogar Seerosen.
„Das ist ja ein kleines Paradies“, schwärmt Mama.
„Jetzt fehlt nur noch, dass Frösche quaken“, sagt Papa.
„He, seht mal!“, ruft Manuel.
„Das sieht aus wie ein kleiner Hubschrauber.“
„Das ist eine Libelle“, erklärt Franziska ihrem Bruder.
Die Libelle scheint einen Augenblick über dem Wasser zu stehen und schwupp – schon ist sie weg.
„Schön, dass es so etwas noch gibt“, sagt Mama.

Mein Wortschatz

der Bach
blühen
die Ente
der Fisch
die Forelle
der Frosch
der Froschlaich
das Gewässer
die Giftstoffe
das Gras
der Karpfen
die Kaulquappe
das Küken
die Libelle
die Mücke
das Naturschutzgebiet
plätschern
quaken
der Reiher
der Rohrkolben
das Schilf
die Schwertlilie
die Seerose
das Seerosenblatt
der Stein
surren
tauchen
der Teich
das Ufer
die Uferböschung
der Vogel
die Wasserschnecke

flink

blitzartig
eilig
flugs
geschwind
rasch
schnell

Wie ein Urwald

Die Mädchen und Jungen reden im Unterricht über die vier Jahreszeiten. Für die meisten ist der Sommer mit Ferien und Freibad die schönste Zeit im Jahr, für die wenigsten der Herbst. Einige finden den Winter mit Schnee und Weihnachten besser, andere den Frühling.

„Wenn nach dem kalten Winter im Frühling die Sonne wieder mehr scheint und draußen alles zu wachsen beginnt, freue ich mich ganz arg", sagt Katharina. Dann erzählt sie von ihrem großen Garten, der völlig anders aussieht als die anderen Gärten des Ortes.

„Wir haben keinen Rasen, sondern eine Wiese, auf der viele Blumen wachsen: Gänseblümchen, Löwenzahn, Margeriten, Hahnenfuß, Fingerhut, rote Lichtnelken und noch ein paar andere, die ich nicht kenne. Wir haben auch Obstbäume, Haselnuss-, Flieder- und Holundersträucher."

„Mein Papa hat mal gesagt“, redet Clara dazwischen, „euer Garten sieht aus wie ein Urwald.“
„Ein bisschen schon“, gibt Katharina zu. „Aber uns gefällt er so.“
„Ich bin sicher, verschiedenen Tieren gefällt euer Garten auch“, sagt der Lehrer.
„Ja, bei uns bauen Vögel ihre Nester“, berichtet Katharina. „Und wir haben noch Nistkästen an die Bäume gehängt.

Es gibt auch ganz viele Schmetterlinge und manchmal höre ich es bis in mein Zimmer summen, so viele Bienen sind im Garten.
Ich habe auch schon Igel gesehen, und wenn im Herbst die Haselnüsse reif sind, kommt ein Eichhörnchen, holt sie runter und vergräbt sie.
Das sieht immer putzig aus.“
Der Lehrer wiegt nachdenklich den Kopf. „In eurem Wiesengarten ist viel mehr Leben als in den üblichen Rasengärten. Wenn ich einen Garten hätte, müsste er auch so lebendig sein.“

Mein Wortschatz

die Biene
blühen
die Blume
die Blüte
das Eichhörnchen
der Fingerhut
der Flieder
der Frühling
das Gänseblümchen
der Garten
das Gras
die Haselnuss
der Herbst
der Holunder
der Igel

putzig

drollig
goldig
lustig
süß
witzig

die Jahreszeiten
der Löwenzahn
die Margerite
das Nest
der Nistkasten
der Obstbaum
der Rasen
der Schmetterling
der Sommer
die Sonne
der Strauch
summen
der Vogel
wachsen
der Winter

Wo ist der Fuchs bei Tag?

Lara, Jan und Fabrizio sind mal wieder auf Abenteuersuche. Als sie den Wald betreten, ist ihnen, als kämen sie in eine andere Welt. Hier ist es viel dunkler als draußen und still, unheimlich still. Die drei Kinder gehen langsam weiter, flüstern nur noch und schrecken bei jedem Geräusch zusammen.
Es dauert eine Weile, bis sie sich an die neue Welt gewöhnt haben, dann werden sie wieder etwas lauter.
Sie gehen zu dem Versteck, das sie im vergangenen Sommer aus Zweigen gebaut haben. Aber jetzt liegen dort nur noch Äste mit einzelnen braunen Blättern.
Plötzlich raschelt es hinter ihnen. Blitzschnell drehen sie sich um und sehen ein Eichhörnchen. Es läuft zum nächsten Baum und klettert am Stamm hoch. Ein Vogel fliegt kreischend auf. Unten guckt eine Maus neugierig aus ihrem Loch, kommt heraus und huscht davon.

„Der Wald ist wie ein großes Haus", flüstert Jan. „Unter dem Boden, im Keller, wohnen Mäuse, Käfer, Würmer und noch mehr winzige Tierchen."
„Im Erdgeschoss wohnen Rehe, Hirsche, Wildschweine, Füchse und Hasen", führt Lara den Gedanken weiter.
Fabrizio zeigt zu den Baumkronen hoch. „Und dort oben wohnen Eichhörnchen und Vögel."
„Habt ihr schon mal einen Fuchs oder ein Wildschwein gesehen?", fragt Jan leise.
„Nur im Wildgehege hinter einem Zaun", antwortet Fabrizio.
Jan schaut sich um. „Ob es in diesem Wald auch welche gibt?"
„Bei Tag schlafen die", macht Lara sich und den anderen Mut.
„Hoffentlich", murmelt Jan.

Mein Wortschatz

die Ameise
der Ameisenhügel
der Ast
der Baum
die Baumkrone
das Blatt
dunkel
das Eichhörnchen
der Fuchs
der Hase
der Hirsch
der Käfer
das Laub
die Maus
das Moos

rascheln
der Pilz
das Reh
schattig
der Specht
der Stamm
der Tannenzapfen
das Versteck

der Vogel
der Wald
die Waldlichtung
das Waldsterben
das Wildgehege
das Wildschwein
der Wurm
der Zweig

huschen

flitzen
rennen
sausen
wuseln

Einfach vergessen!

Endlich hat Vanessa den lang ersehnten Zwerghasen bekommen. Sie tauft ihn Moppel und würde am liebsten den ganzen Tag mit ihm spielen. Aber das geht natürlich nicht, weil Vanessa in die Schule muss und Moppel auch mal seine Ruhe braucht. Dann liegt er in seinem Käfig, den Papa extra gekauft hat. Wenn er Zeit hat, will Papa aus Maschendraht ein großes Laufgitter bauen und im Garten aufstellen. Dann hat Moppel mehr Auslauf und fühlt sich bestimmt wohler. Aber noch verbringt Moppel viel Zeit in seinem kleinen Käfig.

Nach einigen Tagen sagt Mama zu Vanessa: „Ich glaube, dein Moppel würde sich sehr freuen, wenn du seinen Käfig mal ausmisten und putzen würdest."
„Kannst du das nicht machen?"
Mama schüttelt den Kopf. „Moppel ist doch dein Hase. Du hast deine Freude an ihm und du musst auch dafür sorgen, dass er sich wohl fühlt. Dazu gehört nun mal ein sauberer Käfig."
„Also gut", brummt Vanessa. „Aber erst muss ich noch Schularbeiten machen."
Während Vanessa über den Rechenaufgaben sitzt, ruft ihre Freundin Rici an. Und wenig später ist Vanessa verschwunden.
Als sie wieder nach Hause kommt, warten ihre Eltern schon.

Mein Wortschatz

das Aquarium
ausführen
der Auslauf
ausmisten
der Fisch
füttern
gesund
der Goldfisch
der Hamster
das Haustier
der Hund
der Käfig
der Kanarienvogel
die Katze
das Laufgitter
das Lebewesen
der Maschendraht
das Meerschweinchen
putzen
sauber
die Schildkröte
streicheln
der Tierarzt
die Tierärztin
verantwortlich
versorgen
der Wellensittich
zahm
zutraulich
der Zwerghase

verschwunden

nicht mehr da
unauffindbar
verschollen
weg

„Du solltest doch den Käfig noch ausmisten“, sagt Mama.
„Hab ich vergessen“, murmelt Vanessa.
„Vergessen?“ Papa reibt sich das Kinn. „Du wolltest unbedingt einen Zwerghasen. Jetzt hast du einen und bist auch für ihn verantwortlich. Du kannst Moppel nicht einfach in die Ecke stellen wie ein Spielzeug und wieder hervorholen, wenn du Lust dazu hast. Moppel ist kein Spielzeug, sondern ein Lebewesen. Er braucht dich und er muss sich auf dich verlassen können, so wie du dich auf uns verlassen kannst.“
Vanessa nickt.

Im Nachschlagen unschlagbar!

Ein Wörterbuch ist zum Nachschlagen da. Und damit du das Wort, das du suchst, auch schnell findest, musst du nur einige Kleinigkeiten beachten. Eine Regel gilt für alle Wörterbücher: Die Wörter sind nach dem Abc geordnet.

A
B
C
D

Die Abc-Leiste

Damit du immer weißt, wo du gerade im Abc bist, siehst du eine farbige Abc-Leiste am Rand jeder Seite. Der entsprechende Buchstabe ist mit einem farbigen Kasten markiert. Solltest du also mal etwas durcheinander kommen, wirf einen Blick auf die Abc-Leiste. Das hilft auch, wenn du dir nicht sicher bist, welche Buchstaben aufeinander folgen.

Bi Bl

die	**Bitte**, die Bitten
	bitten, du bittest, er bat, sie hat gebeten
	bitter
	Bl
die	**Blamage**, die Blamagen (sprich: blamaasche)
sich	**blamieren**, du blamierst dich

Die Hilfsleiste

Oben auf jeder Doppelseite befindet sich eine Hilfsleiste. Sie zeigt dir den ersten und die zweiten Buchstaben der Wörter an. So kannst du gezielt nach Wörtern mit „Bl" oder „Lu" suchen. Denn auch unter jedem Anfangsbuchstaben sind die Wörter nach dem Abc geordnet.

Buchstabenwechsel

Jeder Buchstabenwechsel des 2. Buchstabens ist in der Spalte farbig angegeben und markiert.

Wer sucht, der findet!

Die meisten Wörter, die du suchst, wirst du an der richtigen Stelle finden.

1. Namenwörter (Nomen)

Du findest sie in der Einzahl. Die Mehrzahl steht direkt dahinter. Nur wenn Einzahl und Mehrzahl gleich sind, ist das Wort nur einmal angegeben. Wenige Wörter in der deutschen Sprache kennen keine Mehrzahl. Dann steht natürlich auch nichts da.

Zum Beispiel:

der **Affe**, die Affen

der **Anker** –
die Mehrzahl heißt ebenfalls „Anker"

der **Atem** – hierzu gibt es keine Mehrzahl

Bilde immer zuerst die Einzahl, wenn du ein Wort in der Mehrzahl suchst:

die **Affen** – der **Affe**

Wenn du zu einem Namenwort den Begleiter (Artikel) wissen willst, schlage unter dem Namenwort nach:

Recycling – **das** Recycling

2. Zeitwörter (Verben)

Du findest sie in der Grundform und in der Gegenwart. Wenn die Vergangenheit nicht mit „-te“ gebildet wird, sind die 1. Vergangenheit (Präteritum) und die 2. Vergangenheit (Perfekt) ebenfalls dazugeschrieben.

Zum Beispiel:

gehen, du gehst, er ging, sie ist gegangen

Suche also immer zuerst nach der Grundform, wenn du wissen möchtest, wie die Vergangenheitsform geschrieben wird:

er **las** ein Buch – **lesen**, du liest, **sie las**, er hat gelesen

3. Eigenschaftswörter (Adjektive)

Bei besonderen Adjektiven steht auch die Steigerungsform.

Zum Beispiel: gut – besser – am besten

Suche nach der Grundstufe:
größer – groß, **größer**, am größten

4. Fremdwörter

Fremdwörter werden häufig anders ausgesprochen, als man sie schreibt. Du findest hinter jedem schwierigen Fremdwort seine Aussprache. Schau auf die Seiten 191/192, wenn du weißt, wie man ein Wort ausspricht, aber es nicht schreiben kannst.

Nichts gefunden?

Manche zusammengesetzten Wörter sind nicht extra aufgeführt. Zerlege das Wort in seine Bestandteile und schau unter den Einzelbegriffen nach.

Zum Beispiel:

die **Sporttasche**: Schlage **Sport** nach und **Tasche** und setze beide Wörter zusammen!

durchlesen: Schlage **durch** nach und **lesen** und setze beide Wörter zusammen!

entnehmen: Schlage zuerst ein Wort mit **ent** nach, zum Beispiel **ent**laufen, dann suche **nehmen**.

spiegelglatt: Schlage **Spiegel** nach und **glatt** und setze beide Wörter zusammen!

Wenn dein Wort nicht in diesem Wörterbuch steht, suche ein verwandtes Wort!

Zum Beispiel:

die **Fröhlichkeit** – Schau bei **fröhlich** nach!

Ganz schön knifflig!

Manche Wörter beginnen mit einem anderen Buchstaben, als du vielleicht denkst. Dann probiere es an anderer Stelle noch mal!

der **Campingplatz** steht unter **C**, nicht unter **K**

das **Phantom** steht unter **Ph**, nicht unter **F**

der **Vampir** steht unter **V**, nicht unter **W**

Ein Tipp zum Schluss

Schlag immer nach, wenn du unsicher bist, wie man ein Wort schreibt. Mit etwas Übung wird es dir immer schneller gelingen. Dann bist du bald im Nachschlagen unschlagbar. Du wirst dir immer mehr Wörter merken und sie nicht mehr nachschlagen müssen. Und dann? Keine Sorge! Es bleiben immer genug schwierige Wörter übrig – für dich, für mich und alle Menschen, die richtig schreiben möchten.

A B C D E F G H I J K L M N O P Q R S T U V W X Y Z

Aa

der **Aal**, die Aale

Ab

ab

die **Abbildung**, die Abbildungen

abbrechen, du brichst ab, sie hat abgebrochen

das **Abc**

der **Abend**, die Abende, eines Abends, heute Abend

das **Abendbrot**

das **Abendessen**

abends

das **Abenteuer**

der **Abenteuerspielplatz**, die Abenteuerspielplätze

aber

abfahren, du fährst ab, sie fuhr ab, er ist abgefahren

die **Abfahrt**, die Abfahrten

der **Abfall**, die Abfälle

der **Abfalleimer**

die **Abfallvermeidung**

abfliegen, du fliegst ab, er flog ab, sie ist abgeflogen

abgeben, du gibst ab, sie gab ab, er hat abgegeben

abgehetzt

abgelenkt

abgemacht

abgucken, du guckst ab

der **Abhang**, die Abhänge

abholen, du holst ab

das **Abitur**

sich **abkühlen**, du kühlst dich ab

die **Abkürzung**, die Abkürzungen

ablehnen, du lehnst ab

abnehmen, du nimmst ab, er nahm ab, sie hat abgenommen

abreisen, du reist ab (in die Ferien abreisen)

abreißen, du reißt ab, er riss ab, sie hat abgerissen (ein Haus abreißen)

der **Absatz**, die Absätze

abschalten, du schaltest ab

abscheulich

der **Abschied**, die Abschiede

abschließen, du schließt ab, sie schloss ab, er hat abgeschlossen

abschneiden, du schneidest ab, er schnitt ab, sie hat abgeschnitten

abschreiben, du schreibst ab, sie schrieb ab, er hat abgeschrieben

abseits

absenden, du sendest ab, er sandte ab, auch: er sendete ab, sie hat abgesandt, auch: sie hat abgesendet

der **Absender**

absichtlich

abspringen, du springst ab, sie sprang ab, er ist abgesprungen

abspülen, du spülst ab

der **Abstand**, die Abstände
abstürzen, du stürzt ab
das **Abteil**, die Abteile
abwärts
das **Abwasser**, die Abwässer
abwechseln, du wechselst ab
abwechselnd
abwehren, du wehrst ab
abzählen, du zählst ab
das **Abziehbild**, die Abziehbilder

Ac

ach!
die **Achse**, die Achsen
die **Achsel**, die Achseln
acht, achtmal
achten, du achtest
die **Achterbahn**, die Achterbahnen
Acht geben, du gibst Acht, er gab Acht, sie hat Acht gegeben
achtzehn
achtzig
ächzen, du ächzt
der **Acker**, die Äcker
die **Action** (sprich: äktschn)
der **Actionfilm**, die Actionfilme

Ad

addieren, du addierst
die **Addition**, die Additionen
ade
die **Ader**, die Adern
das **Adjektiv**, die Adjektive
der **Adler**
adoptieren, du adoptierst (ein Kind adoptieren)
die **Adoptiveltern**
die **Adresse**, die Adressen
der **Advent**
die **Adventsfeier**, die Adventsfeiern

Ae

die **Aerobic**, auch: das Aerobic

Af

der **Affe**, die Affen
Afrika
der **Afrikaner**
die **Afrikanerin**, die Afrikanerinnen
afrikanisch
der **After**

Ag

die **AG** (Abkürzung für Arbeitsgemeinschaft), die AGs
aggressiv
Ägypten

Ah

aha!
ahnen, du ahnst etwas
ähnlich
die **Ähnlichkeit**, die Ähnlichkeiten
die **Ahnung**, die Ahnungen
ahnungslos
der **Ahorn**, die Ahornbäume
die **Ähre**, die Ähren

Ai

das **Aids** (sprich: äids) (Krankheit)
der **Airbag** (sprich: ährbäg), die Airbags (Luftkissen im Auto)

Ak

der **Akkord**, die Akkorde
das **Akkordeon**, die Akkordeons
der **Akku**, die Akkus
der **Akkusativ**
der **Akrobat**, die Akrobaten
die **Akrobatin**, die Akrobatinnen
die **Aktion**, die Aktionen
aktiv
aktuell
akzeptieren, du akzeptierst

Al

der **Alarm**
alarmieren, du alarmierst
albern
das **Album**, die Alben
der **Alptraum**, die Alpträume
der **Alkohol**
alkoholfrei
Allah
alle, alles
die **Allee**, die Alleen
allein
die **Allergie**, die Allergien
Allerheiligen
allmählich
die **Alpen**
das **Alphabet**
alphabetisch
als
also
alt, älter, am ältesten
der **Altar**, die Altäre
das **Alter**
der **Altglascontainer**
die **Altkleidersammlung**, die Altkleidersammlungen
die **Alufolie**, die Alufolien

Am

am
der **Amateur**, die Amateure
die **Ameise**, die Ameisen
der **Ameisenhügel**
Amerika
der **Amerikaner**
die **Amerikanerin**, die Amerikanerinnen
amerikanisch
die **Ampel**, die Ampeln
amputieren, du amputierst
die **Amsel**, die Amseln
das **Amt**, die Ämter
sich **amüsieren**, du amüsierst dich

An

an
die **Ananas**, die Ananas, auch: die Ananasse
anbieten, du bietest an, er bot an, sie hat angeboten
der **Anblick**
anbrennen, es brennt an, es brannte an, es ist angebrannt
andächtig
andauernd
das **Andenken**
andere
ändern, du änderst
anders
aneinander
anfahren, du fährst an, sie fuhr an, er ist angefahren
der **Anfall**, die Anfälle
der **Anfang**, die Anfänge
anfangen, du fängst an, er fing an, sie hat angefangen
anfangs
anfassen, du fasst an
anfeuern, du feuerst an
angeben, du gibst an, sie gab an, er hat angegeben
der **Angeber**
angeblich
das **Angebot**, die Angebote
die **Angel**, die Angeln
angeln, du angelst
angenehm
angeschnallt

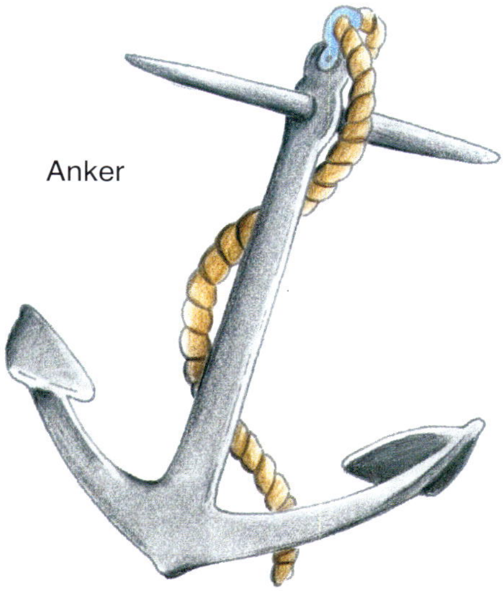
Anker

der **Angestellte**, die Angestellten
die **Angestellte**, die Angestellten
die **Angina**
angreifen, du greifst an, sie griff an, er hat angegriffen
der **Angriff**, die Angriffe
angriffslustig
die **Angst**, die Ängste
ängstlich
angucken, du guckst an
anhalten, du hältst an, er hielt an, sie hat angehalten
der **Anhänger**
anhänglich
anheben, du hebst an, er hob an, sie hat angehoben
der **Anker**
anklagen, du klagst an
der **Angeklagte**, die Angeklagten
die **Angeklagte**, die Angeklagten
anklopfen, du klopfst an
ankommen, du kommst an, sie kam an, er ist angekommen
ankreuzen, du kreuzt an
die **Ankunft**
die **Anlage**, die Anlagen
der **Anlass**, die Anlässe
der **Anlauf**, die Anläufe
sich **anlehnen**, du lehnst dich an
anmalen, du malst an
sich **anmelden**, du meldest dich an
die **Anmeldung**, die Anmeldungen
die **Annahme**, die Annahmen
annehmen, du nimmst an, er nahm an, sie hat angenommen
die **Annonce**, die Annoncen
annoncieren, du annoncierst
der **Anorak**, die Anoraks
der **Anpfiff**
der **Anruf**, die Anrufe
anrufen, du rufst an, sie rief an, er hat angerufen
ansagen, du sagst an
der **Ansager**
die **Ansagerin**, die Ansagerinnen
anschauen, du schaust an
anscheinend
anschließend
der **Anschluss**, die Anschlüsse
sich **anschnallen**, du schnallst dich an
die **Anschrift**, die Anschriften
ansehen, du siehst an, er sah an, sie hat angesehen
die **Ansicht**, die Ansichten
die **Ansichtskarte**, die Ansichtskarten
anständig
anstatt

sich **anstecken**, du steckst dich an
ansteckend
sich **anstrengen**, du strengst dich an
anstrengend
die **Anstrengung**, die Anstrengungen
die **Antenne**, die Antennen
die **Antilope**, die Antilopen
der **Antrag**, die Anträge
der **Antrieb**
die **Antwort**, die Antworten
antworten, du antwortest
anwenden, du wendest an, sie wandte an, auch: sie wendete an, er hat angewandt, auch: er hat angewendet
anwesend
die **Anwesenheit**
die **Anzahl**
das **Anzeichen**
die **Anzeige**, die Anzeigen
anziehen, du ziehst an, er zog an, sie hat angezogen
der **Anzug**, die Anzüge
anzünden, du zündest an

Ap

der **Apfel**, die Äpfel
der **Apfelbaum**, die Apfelbäume
das **Apfelmus**
der **Apfelsaft**, die Apfelsäfte
die **Apfelsine**, die Apfelsinen
die **Apotheke**, die Apotheken
der **Apotheker**
die **Apothekerin**, die Apothekerinnen
der **Apparat**, die Apparate
der **Appetit**, guten Appetit
appetitlich

Artistin

der **Applaus**
die **Aprikose**, die Aprikosen
der **April**

Aq

das **Aquarium**, die Aquarien

Ar

die **Arbeit**, die Arbeiten
arbeiten, du arbeitest
der **Arbeiter**
die **Arbeiterin**, die Arbeiterinnen
arbeitslos
die **Arbeitsstelle**, die Arbeitsstellen
der **Architekt**, die Architekten
die **Architektin**, die Architektinnen
arg, ärger, am ärgsten
der **Ärger**, Ärger haben
ärgerlich
sich **ärgern**, du ärgerst dich
das **Argument**, die Argumente
arm, ärmer, am ärmsten

der **Arm**, die Arme
das **Armaturenbrett**, die Armaturenbretter
der **Ärmel**
die **Armut**
das **Aroma**, die Aromen
die **Art**, die Arten
artig
der **Artikel**
der **Artist**, die Artisten
die **Artistin**, die Artistinnen
die **Arznei**, die Arzneien
der **Arzt**, die Ärzte
die **Ärztin**, die Ärztinnen

As

die **Asche**
der **Aschermittwoch**
der **Asiat**, die Asiaten
die **Asiatin**, die Asiatinnen
asiatisch
Asien
der **Asphalt**
das **Ass**, die Asse
der **Ast**, die Äste
der **Astronaut**, die Astronauten
die **Astronautin**, die Astronautinnen
der **Asylbewerber**
die **Asylbewerberin**, die Asylbewerberinnen
der **Asylsuchende**, die Asylsuchenden
die **Asylsuchende**, die Asylsuchenden

At

der **Atem**
atemlos
das **Atemschutzgerät**, die Atemschutzgeräte
der **Athlet**, die Athleten
die **Athletin**, die Athletinnen
der **Atlantik**, der Atlantische Ozean
der **Atlas**, die Atlanten, auch: die Atlasse
atmen, du atmest
das **Atom**, die Atome
die **Atombombe**, die Atombomben
das **Atomkraftwerk**, die Atomkraftwerke
das **Attest**, die Atteste

Au

au!
auch

Auf

auf
aufbewahren, du bewahrst auf
aufdringlich
aufeinander
die **Auffahrt**, die Auffahrten
auffallen, du fällst auf, er fiel auf, sie ist aufgefallen
auffällig
auffordern, du forderst auf
die **Aufgabe**, die Aufgaben
der **Aufgang**, die Aufgänge
aufgehen, sie geht auf, sie ging auf, er ist aufgegangen
aufgeregt
aufgeweckt
aufhalten, du hältst auf, er hielt auf, sie hat aufgehalten
aufheben, du hebst auf, sie hob auf, er hat aufgehoben
aufhören, du hörst auf
der **Aufkleber**
der **Auflauf**, die Aufläufe
aufmachen, du machst auf

aufmerksam
die **Aufmerksamkeit**, die Aufmerksamkeiten
die **Aufnahme**, die Aufnahmen
aufnehmen, du nimmst auf, er nahm auf, sie hat aufgenommen
aufpäppeln, du päppelst auf
aufpassen, du passt auf
aufräumen, du räumst auf
aufrecht
aufregen, du regst dich auf
aufregend
die **Aufregung**, die Aufregungen
aufsagen, du sagst auf
der **Aufsatz**, die Aufsätze
aufschlagen, du schlägst auf, sie schlug auf, er hat aufgeschlagen
aufschließen, du schließt auf, er schloss auf, sie hat aufgeschlossen
der **Aufschnitt**
die **Aufsicht**, die Aufsichten
aufstehen, du stehst auf, er stand auf, sie ist aufgestanden
der **Auftrag**, die Aufträge
auftreten, du trittst auf, sie trat auf, er ist aufgetreten
aufwachen, du wachst auf
aufwärts
aufwecken, du weckst auf
der **Aufzug**, die Aufzüge
das **Auge**, die Augen
der **Augenblick**, die Augenblicke
die **Augenbraue**, die Augenbrauen
das **Augenlid**, die Augenlider
der **August**
die **Aula**, die Aulen, auch: die Aulas

Aus

aus
ausbessern, du besserst aus
die **Ausbeutung**
ausbilden, du bildest aus
die **Ausbildung**, die Ausbildungen
der **Ausblick**, die Ausblicke
ausbrechen, du brichst aus, er brach aus, sie ist ausgebrochen
ausbreiten, du breitest aus
der **Ausbruch**, die Ausbrüche
die **Ausdauer**
ausdauernd
der **Ausdruck**, die Ausdrücke
sich **ausdrücken**, du drückst dich aus
ausdrücklich
auseinander
die **Auseinandersetzung**, die Auseinandersetzungen
die **Ausfahrt**, die Ausfahrten
ausfallen, der Unterricht fällt aus, er fiel aus, er ist ausgefallen
ausflippen, du flippst aus
der **Ausflug**, die Ausflüge
ausführen, du führst aus
ausführlich
der **Ausgang**, die Ausgänge
ausgeben, du gibst aus, er gab aus, sie hat ausgegeben
ausgehen, du gehst aus, sie ging aus, er ist ausgegangen
ausgerechnet
ausgezeichnet
aushalten, du hältst aus, er hielt aus, sie hat ausgehalten
aushecken, du heckst aus
aushöhlen, du höhlst aus
die **Auskunft**, die Auskünfte

auslachen, du lachst aus
der Ausländer
die Ausländerin, die Ausländerinnen
ausländisch
der Auslauf
ausleihen, du leihst aus, er lieh aus, sie hat ausgeliehen
auslöffeln, du löffelst aus
ausmisten, du mistest aus
die Ausnahme, die Ausnahmen
ausnahmsweise
ausprobieren, du probierst aus
der Auspuff, die Auspuffe
ausrechnen, du rechnest aus
die Ausrede, die Ausreden
ausreichend
der Ausreißer
der Ausrufesatz, die Ausrufesätze
das Ausrufezeichen
sich ausruhen, du ruhst dich aus
die Ausrüstung, die Ausrüstungen
ausrutschen, du rutschst aus
ausschalten, du schaltest aus
der Ausschlag, die Ausschläge
außen
außer
außerdem
außergewöhnlich
außerhalb
sich äußern, du äußerst dich
die Aussicht, die Aussichten
aussichtslos
aussteigen, du steigst aus, sie stieg aus, er ist ausgestiegen
die Ausstellung, die Ausstellungen
aussuchen, du suchst aus
Australien
der Australier
die Australierin, die Australierinnen
australisch
die Auswahl
auswärts
der Ausweis, die Ausweise
auswendig
ausziehen, du ziehst aus, er zog aus, sie ist ausgezogen
der Auszubildende, die Auszubildenden
die Auszubildende, die Auszubildenden
das Auto, die Autos
die Autobahn, die Autobahnen
der Autofahrer
die Autofahrerin, die Autofahrerinnen
das Autogramm, die Autogramme
der Automat, die Automaten
automatisch
der Autor, die Autoren
die Autorin, die Autorinnen
autsch!

Ax

die Axt, die Äxte

Ausflug

Ba

das **Baby** (sprich: bäbi), die Babys
der **Bach**, die Bäche
die **Backe**, die Backen
backen, du backst, auch: du bäckst
der **Backenzahn**, die Backenzähne
der **Bäcker**
die **Bäckerei**, die Bäckereien
die **Bäckerin**, die Bäckerinnen
der **Backofen**, die Backöfen
das **Bad**, die Bäder
der **Badeanzug**, die Badeanzüge
die **Badehose**, die Badehosen
baden, du badest
Baden-Württemberg
die **Badewanne**, die Badewannen
der **Bagger**
das **Baguette**, auch: die Baguette, die Baguettes
die **Bahn**, die Bahnen
der **Bahnhof**, die Bahnhöfe
der **Bahnsteig**, die Bahnsteige
die **Bahre**, die Bahren
die **Bakterie**, die Bakterien
balancieren, du balancierst
bald
sich **balgen**, du balgst dich
die **Balgerei**, die Balgereien
der **Balken**
der **Balkon**, die Balkons, auch: die Balkone
der **Ball**, die Bälle
das **Ballett**
der **Balletttänzer**
die **Balletttänzerin**, die Baletttänzerinnen
der **Ballon**, die Ballons, auch: die Ballone
balzen, der Hahn balzt
die **Banane**, die Bananen
der **Band**, die Bände (ein Band des Lexikons)
das **Band**, die Bänder (Band aus Stoff)
die **Band** (sprich: bänd), die Bands (eine Musikband)
die **Bande**, die Banden (eine Bande von Freunden)
bang, auch: bange
die **Bank**, die Bänke (eine Sitzbank)
die **Bank**, die Banken (bei der Bank Geld holen)
das **Bankkonto**, die Bankkonten, auch: die Bankkontos
bar
der **Bär**, die Bären
barfuß
das **Bargeld**
barmherzig
die **Barmherzigkeit**
das **Barometer**
der **Barren**
barsch
der **Bart**, die Bärte
der **Basar**, die Basare, auch: der Bazar
der **Baseball**
der **Basketball**, die Basketbälle
der **Bass**, die Bässe
die **Bastelei**, die Basteleien

basteln, du bastelst

die **Batterie**, die Batterien
der **Bauch**, die Bäuche
der **Bauchmuskel**, die Bauchmuskeln
die **Bauchschmerzen**
das **Bauchweh**
bauen, du baust
der **Bauer**, die Bauern
die **Bäuerin**, die Bäuerinnen
der **Bauernhof**, die Bauernhöfe
der **Baukasten**, die Baukästen
der **Baum**, die Bäume
baumeln, du baumelst
die **Baumkrone**, die Baumkronen
der **Baumstamm**, die Baumstämme
die **Baumwolle**
der **Bauplatz**, die Bauplätze
Bayern
bayrisch, auch: bayerisch
der **Bazillus**, die Bazillen
auch: die Bazille

Be

beachten, du beachtest
der **Beamte**, die Beamten
die **Beamtin**, die Beamtinnen
beantragen, du beantragst
der **Beat** (sprich: biit), die Beats
beben, es bebt
der **Becher**
das **Becken**
sich **bedanken**, du bedankst dich
bedauern, du bedauerst
bedeuten, es bedeutet
bedeutend
die **Bedeutung**, die Bedeutungen
die **Bedienung**, die Bedienungen
bedrohen, du bedrohst
bedrohlich

Ballon

die **Bedrohung**, die Bedrohungen
sich **beeilen**, du beeilst dich
beeindruckend
beeindruckt
beenden, du beendest
beerdigen, du beerdigst
die **Beerdigung**, die Beerdigungen
die **Beere**, die Beeren
das **Beet**, die Beete (Blumenbeet)
befangen
der **Befehl**, die Befehle
befehlen, du befiehlst, sie befahl,
er hat befohlen
sich **befinden**, du befindest dich,
er befand sich,
sie hat sich befunden
befreien, du befreist
die **Befreiung**, die Befreiungen
befreundet
befriedigend

die **Befruchtung**, die Befruchtungen
begabt
die **Begabung**, die Begabungen
begegnen, du begegnest
die **Begegnung**, die Begegnungen
begeistert
die **Begeisterung**
der **Beginn**
beginnen, du beginnst, er begann, sie hat begonnen
begleiten, du begleitest
der **Begleiter**
die **Begleiterin**, die Begleiterinnen
beglückwünschen, du beglückwünschst
begonnen
das **Begräbnis**, die Begräbnisse
begreifen, du begreifst, sie begriff, er hat begriffen
der **Begriff**, die Begriffe
begründen, du begründest
die **Begründung**, die Begründungen
begrüßen, du begrüßt
die **Begrüßung**, die Begrüßungen
behaart
behaglich
die **Behaglichkeit**, die Behaglichkeiten
behalten, du behältst, er behielt, sie hat behalten
der **Behälter**
behandeln, du behandelst
die **Behandlung**, die Behandlungen
das **Behandlungszimmer**
beharrlich
die **Beharrlichkeit**
behaupten, du behauptest
die **Behauptung**, die Behauptungen

beheben, du behebst, er behob, sie hat behoben
sich **beherrschen**, du beherrschst dich
behilflich
behindern, du behinderst
behindert
die **Behinderung**, die Behinderungen
behüten, du behütest
behutsam
bei
die **Beichte**, die Beichten
beichten, du beichtest
beide
beieinander
der **Beifahrer**
die **Beifahrerin**, die Beifahrerinnen
der **Beifall**
beige (sprich: beesch) (Farbe)
das **Beil**, die Beile
das **Beileid**
beim (bei dem)
das **Bein**, die Beine
beinah, auch: beinahe
beisammen
beiseite
das **Beispiel**, die Beispiele (z. B. – zum Beispiel)
beißen, du beißt, er biss, sie hat gebissen
bekannt
der **Bekannte**, die Bekannten
die **Bekannte**, die Bekannten
bekommen, du bekommst, sie bekam, er hat bekommen
der **Belag**, die Beläge
belasten, du belastest
die **Belastung**, die Belastungen
beleidigen, du beleidigst

beleidigt
die **Beleidigung**, die Beleidigungen
die **Beleuchtung**, die Beleuchtungen
Belgien
der **Belgier**
die **Belgierin**, die Belgierinnen
belgisch
beliebig
beliebt
bellen, er bellt
belohnen, du belohnst
die **Belohnung**, die Belohnungen
bemalen, du bemalst
bemerken, du bemerkst
bemerkenswert
die **Bemerkung**, die Bemerkungen
bemitleiden, du bemitleidest
sich **bemühen**, du bemühst dich
die **Bemühung**, die Bemühungen
benachbart
benachrichtigen, du benachrichtigst
sich **benehmen**, du benimmst dich, sie benahm sich er hat sich benommen
beneiden, du beneidest
der **Bengel**
benommen sein, du bist benommen
benötigen, du benötigst
benutzen, du benutzt
die **Benutzung**
das **Benzin**
beobachten, du beobachtest
die **Beobachtung**, die Beobachtungen
bequem
beraten, du berätst, er beriet, sie hat beraten

berechtigt
bereit
bereits
bereuen, du bereust
der **Berg**, die Berge
bergab
bergauf
bergig
berichten, du berichtest
berichtigen, du berichtigst
Berlin
der **Berliner**
die **Berlinerin**, die Berlinerinnen
berücksichtigen, du berücksichtigst
der **Beruf**, die Berufe
die **Berufsschule**, die Berufsschulen
beruhigt
berühmt
berühren, du berührst
beschädigen, du beschädigst
die **Beschädigung**, die Beschädigungen
beschäftigen, du beschäftigst
der **Bescheid**, Bescheid sagen
bescheiden
die **Bescheidenheit**
die **Bescheinigung**, die Bescheinigungen
beschließen, du beschließt, sie beschloss, er hat beschlossen
der **Beschluss**, die Beschlüsse
beschreiben, du beschreibst, er beschrieb, sie hat beschrieben
die **Beschreibung**, die Beschreibungen

A B C D E F G H I J K L M N O P Q R S T U V W X Y Z

beschuldigen, du beschuldigst
die **Beschuldigung**, die Beschuldigungen
beschützen, du beschützt
die **Beschwerde**, die Beschwerden
sich **beschweren**, du beschwerst dich
der **Besen**
besessen
besetzt
besichtigen, du besichtigst
die **Besichtigung**, die Besichtigungen
besiegen, du besiegst
sich **besinnen**, du besinnst dich, sie besann sich, er hat sich besonnen
besinnungslos
der **Besitz**, die Besitztümer
besitzen, du besitzt, sie besaß, er hat besessen
der **Besitzer**
die **Besitzerin**, die Besitzerinnen
besonders
besorgen, du besorgst
die **Besorgung**, die Besorgungen
besorgt
besser – gut, am besten
der **Besserwisser**
die **Besserwisserin**, die Besserwisserinnen
bestätigen, du bestätigst
die **Bestätigung**, die Bestätigungen
bestäuben, du bestäubst
die **Bestäubung**, die Bestäubungen
bestechen, du bestichst, sie bestach, er hat bestochen
bestechlich
die **Bestechung**, die Bestechungen
das **Besteck**, die Bestecke
bestehen, du bestehst, sie bestand, er hat bestanden
bestellen, du bestellst
die **Bestellung**, die Bestellungen
am **besten** – gut, besser
die **Bestie**, die Bestien
bestimmen, du bestimmst
bestimmt
die **Bestimmung**, die Bestimmungen
bestrafen, du bestrafst
die **Bestrafung**, die Bestrafungen
bestrahlen, du bestrahlst
die **Bestrahlung**, die Bestrahlungen
der **Bestseller**
bestürzt
die **Bestürzung**
der **Besuch**, die Besuche
besuchen, du besuchst
der **Besucher**
die **Besucherin**, die Besucherinnen
betäuben, du betäubst
betäubt
die **Betäubung**, die Betäubungen
beteiligen, du beteiligst dich
die **Beteiligung**, die Beteiligungen
beten, du betest
der **Beton**
betonieren, er betoniert
betonen, du betonst
die **Betonmischmaschine**, die Betonmischmaschinen
die **Betonung**, die Betonungen
betrachten, du betrachtest
die **Betrachtung**, die Betrachtungen
der **Betrag**, die Beträge
sich **betragen**, du beträgst dich, sie betrug sich, er hat sich betragen

Betonmischmaschine

betreten, du betrittst, sie betrat, er hat betreten
betreuen, du betreust
der **Betrieb**, die Betriebe
der **Betrug**
betrügen, du betrügst, er betrog, sie hat betrogen
der **Betrüger**
die **Betrügerin**, die Betrügerinnen
das **Bett**, die Betten
die **Bettdecke**, die Bettdecken
betteln, er bettelt
der **Bettler**
die **Bettlerin**, die Bettlerinnen
das **Betttuch**, die Betttücher
die **Beule**, die Beulen
beurteilen, du beurteilst
die **Beurteilung**, die Beurteilungen
die **Beute**
der **Beutel**
das **Beuteltier**, die Beuteltiere
die **Bevölkerung**
bevor
bevorzugen, du bevorzugst
bewachen, du bewachst
bewaffnet
bewegen, du bewegst
beweglich
die **Bewegung**, die Bewegungen
bewegungslos
der **Beweis**, die Beweise
beweisen, du beweist, er bewies, sie hat bewiesen
sich **bewerben**, du bewirbst dich, sie bewarb sich, er hat sich beworben
die **Bewerbung**, die Bewerbungen
bewerten, du bewertest
die **Bewertung**, die Bewertungen
bewirten, du bewirtest
die **Bewirtung**, die Bewirtungen
der **Bewohner**
die **Bewohnerin**, die Bewohnerinnen
bewölkt
die **Bewölkung**
bewundern, du bewunderst
die **Bewunderung**
bewusst
bewusstlos
das **Bewusstsein**
bezahlen, du bezahlst
die **Bezahlung**
bezaubernd
bezeichnen, du bezeichnest
die **Bezeichnung**, die Bezeichnungen
die **Beziehung**, die Beziehungen
der **Bezirk**, die Bezirke
der **Bezug**, die Bezüge

A B C D E F G H I J K L M N O P Q R S T U V W X Y Z

Bi

die **Bibel**, die Bibeln
der **Biber**
die **Bibliothek**, die Bibliotheken
biegen, du biegst, er bog, sie hat gebogen
biegsam
die **Biene**, die Bienen
der **Bienenstock**, die Bienenstöcke
das **Bier**, die Biere
das **Biest**, die Biester
bieten, du bietest, sie bot, er hat geboten
der **Bikini**, die Bikinis
das **Bild**, die Bilder
das **Bilderbuch**, die Bilderbücher
der **Bildschirm**, die Bildschirme
die **Bildung**
billig
ich **bin** – sein
binden, du bindest, er band, sie hat gebunden

Blüte

der **Bindestrich**
der **Bindfaden**, die Bindfäden
der **Bio-Bauernhof**, die Bio-Bauernhöfe
der **Bioladen**, die Bioläden
die **Biologie**
die **Biotonne**, die Biotonnen
das **Biotop**, auch: der Biotop, die Biotope
die **Birke**, die Birken
die **Birne**, die Birnen
bis
der **Bischof**, die Bischöfe
bisher
ein **bisschen**
bissig
du **bist** – sein
das **Bit**, die Bits
bitte
die **Bitte**, die Bitten
bitten, du bittest, er bat, sie hat gebeten
bitter

Bl

die **Blamage**, die Blamagen (sprich: blamaasche) (Schande)
sich **blamieren**, du blamierst dich
blank
die **Blase**, die Blasen
blasen, du bläst, sie blies, er hat geblasen
blass
das **Blatt**, die Blätter
blättern, du blätterst
der **Blätterteig**
blau
blauäugig

	bläulich
das	**Blaulicht**, die Blaulichter
das	**Blech**, die Bleche
das	**Blei**, die Bleie
	bleiben, du bleibst, sie blieb, er ist geblieben
	bleich
der	**Bleistift**, die Bleistifte
der	**Bleistiftspitzer**
	blenden, es blendet
der	**Blick**, die Blicke
	blicken, du blickst
	blind
der	**Blinddarm**, die Blinddärme
	Blindekuh (Spiel)
die	**Blindenschrift**
	blinken, es blinkt
das	**Blinklicht**, die Blinklichter
	blinzeln, du blinzelst
der	**Blitz**, die Blitze
der	**Blitzableiter**
	blitzartig
	blitzschnell
der	**Block**, die Blöcke, auch: die Blocks
die	**Blockflöte**, die Blockflöten
	blöd
	blond
	bloß
	blühen, es blüht
die	**Blume**, die Blumen
der	**Blumenkohl**
der	**Blumenstrauß**, die Blumensträuße
die	**Bluse**, die Blusen
das	**Blut**
die	**Blüte**, die Blüten
	bluten, du blutest
der	**Blütenstaub**
der	**Bluterguss**, die Blutergüsse

Bo

der	**Bob**, die Bobs
der	**Bock**, die Böcke
	bockig
die	**Bockwurst**, die Bockwürste
der	**Boden**, die Böden
das	**Bodenturnen**
der	**Bogen**, die Bogen, auch: die Bögen
die	**Bohne**, die Bohnen
	bohren, du bohrst
der	**Bohrer**
die	**Bohrmaschine**, die Bohrmaschinen
der	**Boiler**
die	**Boje**, die Bojen
der	**Bolzplatz**, die Bolzplätze
	bombardieren, du bombardierst
die	**Bombe**, die Bomben
der	**Bon**, die Bons
das	**Bonbon**, auch: der Bonbon, die Bonbons
das	**Boot**, die Boote
an	**Bord** gehen
	borgen, du borgst
die	**Borste**, die Borsten
	böse, auch: bös
der	**Bösewicht**, die Bösewichte
der	**Boss**, die Bosse
der	**Bote**, die Boten
die	**Boutique**, (sprich: butik), die Boutiquen (Modegeschäft)
der	**Boy**, die Boys
die	**Box**, die Boxen
	boxen, du boxt
der	**Boxer**

Br

der **Brand**, die Brände
Brandenburg
die **Brandstiftung**, die Brandstiftungen
Brasilien
brasilianisch
braten, du brätst, sie briet, er hat gebraten
der **Braten**
die **Bratkartoffel**, die Bratkartoffeln
die **Bratwurst**, die Bratwürste
der **Brauch**, die Bräuche
brauchbar
brauchen, du brauchst
die **Brauerei**, die Brauereien
braun
die **Brause**, die Brausen
die **Braut**, die Bräute
das **Brautkleid**, die Brautkleider
der **Bräutigam**, die Bräutigame
brav
bravo
brechen, du brichst, er brach, sie hat gebrochen
der **Brei**, die Breie
breiig
breit
die **Breite**
Bremen
die **Bremse**, die Bremsen
bremsen, du bremst
das **Bremslicht**, die Bremslichter
brennbar
brennen, es brennt, es brannte, es hat gebrannt
die **Brennnessel**, die Brennnesseln
das **Brett**, die Bretter
das **Brettspiel**, die Brettspiele
die **Brezel**, die Brezeln
der **Brief**, die Briefe
der **Brieffreund**, die Brieffreunde
die **Brieffreundin**, die Brieffreundinnen
der **Briefkasten**, die Briefkästen
die **Briefmarke**, die Briefmarken
der **Briefträger**
die **Briefträgerin**, die Briefträgerinnen
das **Brikett**, die Briketts
der **Brillant**, die Brillanten
die **Brille**, die Brillen
bringen, du bringst, er brachte, sie hat gebracht
die **Brise**, die Brisen (eine steife Brise)
bröckeln, es bröckelt
der **Brocken**
die **Brombeere**, die Brombeeren
die **Bronchitis**
die **Bronze** (sprich: bronße) (Material)
die **Bronzemedaille** (sprich: bronßemedallje), die Bronzemedaillen
das **Brot**, die Brote
das **Brötchen**
der **Brotlaib**, die Brotlaibe
der **Bruch**, die Brüche
die **Brücke**, die Brücken
der **Bruder**, die Brüder
brüllen, du brüllst
brummen, du brummst
der **Brunnen**
die **Brust**, die Brüste
brustschwimmen
brutal
brüten, sie brütet

Bs

BSE (Rinderwahnsinn)

Bu

der **Bub**, die Buben
das **Buch**, die Bücher
die **Buche**, die Buchen
die **Bücherei**, die Büchereien
die **Buchhandlung**, die Buchhandlungen
die **Büchse**, die Büchsen
der **Buchstabe**, die Buchstaben
buchstabieren, du buchstabierst
die **Bucht**, die Buchten
der **Buckel**
buckelig, auch: bucklig
sich **bücken**, du bückst dich
buddeln, du buddelst
die **Bude**, die Buden
der **Büffel**
der **Bug**, die Buge
der **Bügel**
das **Bügeleisen**
bügeln, du bügelst
der **Buggy** (sprich: baggi), die Buggys (Kinderwagen)
die **Bühne**, die Bühnen
Bulgarien
der **Bulgarier**
die **Bulgarierin**, die Bulgarierinnen
bulgarisch
die **Bulldogge**, die Bulldoggen (Hunderasse)
der **Bulle**, die Bullen
der **Bumerang**, die Bumerangs, auch: die Bumerange
bummeln, du bummelst
der **Bund**, die Bünde
der **Bundeskanzler**
die **Bundesliga**
die **Bundesrepublik Deutschland**
die **Bundeswehr**
der **Bungalow** (sprich: bungalo), die Bungalows (Haus)
das **Bungeejumping** (Freizeitsport) (sprich: bandschidschamping)
bunt
das **Buntpapier**, die Buntpapiere
der **Buntstift**, die Buntstifte
die **Burg**, die Burgen
der **Burger** (sprich: börger) (Hamburger, Cheeseburger usw.)
der **Bürger**
die **Bürgerin**, die Bürgerinnen
der **Bürgermeister**
die **Bürgermeisterin**, die Bürgermeisterinnen
der **Bürgersteig**, die Bürgersteige
das **Büro**, die Büros
der **Bursche**, die Burschen
die **Bürste**, die Bürsten
bürsten, du bürstest
der **Bus**, die Busse
der **Busch**, die Büsche
buschig
der **Busen**
der **Busfahrer**
die **Busfahrerin**, die Busfahrerinnen
die **Bushaltestelle**, die Bushaltestellen
der **Bussard**, die Bussarde
die **Buße**
büßen, du büßt
die **Butter**
das **Butterbrot**, die Butterbrote
der **Button** (sprich: battn), die Buttons (Knopf)

Ca

das **Cabrio**, die Cabrios,
auch: das Kabrio
das **Café**, die Cafés (ins Café gehen)
die **Cafeteria**, die Cafeterias,
auch: die Cafeterien
campen, du campst
das **Camping**
der **Campingplatz**,
die Campingplätze
der **Caravan**, die Caravans
catchen (sprich: kätschen),
du catchst (Ringkampf)

Cd

die **CD**, die CDs
(Abkürzung für Compactdisc)
der **CD-Player**
die **CD-ROM**, die CD-ROMs

Ce

das **Cello** (sprich: tschello), die Celli,
auch: die Cellos
Celsius
das **Center** (sprich: ssenter)

Ch

das **Chamäleon**, die Chamäleons
der **Champignon**
(sprich: schampinjoo),
die Champignons
der **Champion** (sprich: tschämpjen),
die Champions
die **Chance** (sprich: schoos),
die Chancen (Gelegenheit)
das **Chaos** (sprich: kaos)
(Durcheinander)
chaotisch
der **Charakter**,
die Charaktere (Wesensart)
die **Charts** (sprich: tscharts)
(Liste der beliebtesten Lieder)
der **Chauffeur** (sprich: schofför),
die Chauffeure (Fahrer)
checken (sprich: tschäken),
du checkst (kontrollieren)
der **Chef**, die Chefs
die **Chefin**, die Chefinnen
die **Chemie**
der **Chemiker**
die **Chemikerin**, die Chemikerinnen

Campingplatz

chemisch
chic, auch: schick
China
chinesisch
der **Chip** (sprich: tschip), die Chips (Plättchen)
das **Chlor**
der **Chor**, die Chöre
der **Christ**, die Christen
der **Christbaum**, die Christbäume
das **Christentum**
die **Christin**, die Christinnen
das **Christkind**
christlich

Ci

ciao!, auch: tschau!
circa, auch: zirka
die **City**, die Citys

Cl

clever
die **Clique** (sprich: klike), die Cliquen (Gruppe von Freunden)
der **Clown** (sprich: klaun), die Clowns
der **Club**, die Clubs, auch: der Klub

Cm

cm (Abkürzung für Zentimeter)

Co

der **Cockerspaniel**, die Cockerspaniels
das **Cockpit**, die Cockpits
der **Code**, die Codes, auch: der Kode (Schlüssel für Geheimschrift)
die **Cola**, auch: das Cola, die Colas
der **Colt**, die Colts
der **Comic**, die Comics
der **Computer**
der **Computerraum**, die Computerräume

Computer

das **Computerspiel**, die Computerspiele
der **Container**
cool (sprich: kuul) (ruhig, toll)
die **Cornflakes** (sprich: kornflejks)
die **Couch** (sprich: kautsch) (Sofa), die Couches, auch: die Couchen
der **Count-down** (sprich: kauntdaun)
der **Cousin** (sprich: kusäng), die Cousins
die **Cousine**, die Cousinen, auch: die Kusine
der **Cowboy** (sprich: kauboi), die Cowboys

Cr

die **Creme**, die Cremes, auch: die Krem oder die Kreme
das **Croissant** (sprich: kroassoo), die Croissants (Hörnchen)

Cu

das **Curry** (sprich: körri), auch: der Curry (Gewürz)
die **Currywurst** (sprich: körriwurst), die Currywürste
der **Cursor** (sprich: körser) (blinkendes Computerzeichen)

A B C D E F G H I J K L M N O P Q R S T U V W X Y Z

Da

da
dabei
dableiben, du bleibst da, er blieb da, sie ist dageblieben
das **Dach**, die Dächer
das **Dachgeschoss**, die Dachgeschosse
die **Dachrinne**, die Dachrinnen
der **Dackel**
dadurch
dafür
dagegen
daheim
daher
dahin
dahinter
damals
die **Dame**, die Damen
damit
der **Damm**, die Dämme
der **Dampf**, die Dämpfe
der **Dampfer**
die **Dampflokomotive**, die Dampflokomotiven
danach
der **Däne**, die Dänen
daneben
Dänemark
die **Dänin**, die Däninnen
dänisch
der **Dank**, vielen Dank
danke
danken, du dankst
dann
dar
daran, auch: dran
darauf, auch: drauf
daraus, auch: draus
darin, auch: drin
der **Darm**, die Därme
darstellen, du stellst dar
darüber, auch: drüber
darum, auch: drum
darunter, auch: drunter
das
da sein, du bist da, sie war da, er ist da gewesen
dass (Ich möchte, dass ...)
dasselbe
die **Datei**, die Dateien
der **Dativ**
die **Dattel**, die Datteln
das **Datum**, die Daten
die **Dauer**
der **Dauerlauf**, die Dauerläufe
dauern, es dauert
dauernd
der **Daumen**
davon
davor
dazu
dazugehören, du gehörst dazu
dazwischen

De

die **Decke**, die Decken
die **Deckenleuchte**, die Deckenleuchten
defekt
dehnen, du dehnst

der **Deich**, die Deiche
dein, deine
der **Delfin**, die Delfine,
auch: der Delphin, die Delphine
die **Demo**, die Demos
demokratisch
die **Demonstration**,
die Demonstrationen
demonstrieren, du demonstrierst
denken, du denkst, sie dachte,
er hat gedacht
das **Denkmal**, die Denkmäler,
auch: die Denkmale
denn
dennoch
die **Deponie**, die Deponien
der, des, dem, den
deren
derselbe
deshalb
dessen
desto
der **Detektiv**, die Detektive
die **Detektivin**, die Detektivinnen
deutlich
deutsch (sprechen)
Deutsch (das Fach Deutsch)
der **Deutsche**, die Deutschen
die **Deutsche**, die Deutschen
Deutschland
der **Dezember**
der **Dezimeter** (= 10 cm), die Dezimeter

Di

das **Dia**, die Dias
diagonal
der **Dialekt**, die Dialekte
der **Diamant**, die Diamanten
die **Diät**, die Diäten
dich
dicht
dichten, du dichtest
der **Dichter**
die **Dichterin**, die Dichterinnen
dick
das **Dickicht**, die Dickichte
der **Dickkopf**, die Dickköpfe
die
der **Dieb**, die Diebe
der **Diebstahl**, die Diebstähle
die **Diele**, die Dielen
dienen, du dienst
der **Dienst**, die Dienste
der **Dienstag**, die Dienstage
dienstags
dies, diese, dieser, dieses
der **Diesel**
dieselbe
diesig
die **Differenz**, die Differenzen
das **Diktat**, die Diktate
diktieren, du diktierst
das **Ding**, die Dinge
der **Dinosaurier**
dir
direkt
der **Direktor**, die Direktoren
die **Direktorin**, die Direktorinnen
der **Dirigent**, die Dirigenten
die **Dirigentin**, die Dirigentinnen
das **Dirndl**
die **Diskette**, die Disketten
der **Diskjockey**
(sprich: diskdschockej)
die **Disko**, die Diskos,
auch: die Disco, die Discos
die **Diskothek**, die Diskotheken

diskutieren, du diskutierst
das **Display** (sprich: dissplǟj), die Displays (Anzeige)
dividieren, du dividierst
die **Division**, die Divisionen

Dm

dm (Abkürzung für Dezimeter)
DM (Abkürzung für Deutsche Mark)

Do

doch
der **Docht**, die Dochte
der **Doktor**, die Doktoren
die **Doktorin**, die Doktorinnen
der **Dolch**, die Dolche
der **Dollar**, die Dollars
der **Dolmetscher**
die **Dolmetscherin**, die Dolmetscherinnen
der **Dom**, die Dome
das **Domino**, die Dominos
der **Dompteur**, die Dompteure
die **Dompteuse**, die Dompteusen
die **Donau**
der **Döner**
der **Donner**
donnern, es donnert
der **Donnerstag**, die Donnerstage, am Donnerstag
donnerstags
doof
der **Doppelpunkt**, die Doppelpunkte
doppelt
das **Dorf**, die Dörfer
der **Dorn**, die Dornen
das **Dornröschen**
dort
dorthin
die **Dose**, die Dosen
der **Dosenöffner**
der **Dotter**, auch: das Dotter

Dr

der **Drache**, die Drachen (Tier aus der Sagenwelt)
der **Drachen** (Flugdrachen)
der **Draht**, die Drähte
die **Drahtseilbahn**, die Drahtseilbahnen
dran, auch: daran
drängeln, du drängelst
drängen, du drängst
drauf, auch: darauf
draus, auch: daraus
draußen
der **Dreck**
dreckig
drehen, du drehst
die **Drehleiter**, die Drehleitern
drei, dreimal
das **Dreieck**, die Dreiecke
dreieckig
das **Dreirad**, die Dreiräder
dreißig
dreizehn
dreschen, du drischst, er drosch, sie hat gedroschen
dressieren, du dressierst
die **Dressur**, die Dressuren
dribbeln, du dribbelst
der **Drilling**, die Drillinge
drin, auch: darin
dringend
drinnen
drittens
die **Droge**, die Drogen
die **Drogerie**, die Drogerien

drohen, du drohst
dröhnen, es dröhnt
drollig
das **Dromedar**, die Dromedare
der **Drops**, auch: das Drops
die **Drossel**, die Drosseln
drüben
drüber, auch: darüber
der **Druck**
drucken, du druckst
drücken, du drückst
der **Drucker**
die **Druckerei**, die Druckereien
der **Druckfehler**
drum, auch: darum
drunten, auch: da unten
drunter, auch: darunter

Ds

der **Dschungel**

Du

du, dir, dich
der **Dübel**
sich **ducken**, du duckst dich
der **Duft**, die Düfte
duften, es duftet
dumm, dümmer, am dümmsten
die **Dummheit**, die Dummheiten
dumpf
die **Düne**, die Dünen
düngen, du düngst
dunkel
dunkelhaarig
die **Dunkelheit**
dünn
der **Dunst**, die Dünste
durch
durchaus
durcheinander
die **Durchfahrt**, die Durchfahrten
der **Durchfall**
durchhalten,
du hältst durch, sie hielt durch,
er hat durchgehalten
durchlässig
der **Durchmesser**
durchqueren, du durchquerst
die **Durchsage**, die Durchsagen
durchschneiden,
du schneidest durch,
er schnitt durch,
sie hat durchgeschnitten
durchschnittlich
durchsichtig
durchstreichen,
du streichst durch,
sie strich durch,
er hat durchgestrichen
durchsuchen, du durchsuchst
dürfen, du darfst, er durfte,
sie hat gedurft
dürr
der **Durst**
durstig
die **Dusche**, die Duschen
duschen, du duschst
das **Düsenflugzeug**,
die Düsenflugzeuge
der **Düsenjäger**
düster
das **Dutzend**

Dy

dynamisch
das **Dynamit**
der **Dynamo**, die Dynamos

Dz

der **D-Zug**, die D-Züge

Ea

easy (sprich: isi)

Eb

die **Ebbe**, die Ebben, Ebbe und Flut
eben
die **Ebene**, die Ebenen
ebenfalls
ebenso
der **Eber**

Ec

das **Echo**, die Echos
die **Echse**, die Echsen
echt
die **Ecke**, die Ecken
eckig

Ed

edel

Eg

egal
die **Egge**, die Eggen
der **Egoist**, die Egoisten
die **Egoistin**, die Egoistinnen

Eh

ehe
die **Ehe**, die Ehen
die **Eheleute**
ehemalig
die **Ehre**, die Ehren
das **Ehrenwort**, die Ehrenworte
ehrgeizig
ehrlich
die **Ehrlichkeit**

Ei

das **Ei**, die Eier
die **Eiche**, die Eichen
die **Eichel**, die Eicheln
das **Eichhörnchen**,
der **Eid**, die Eide
die **Eidechse**, die Eidechsen
die **Eifersucht**
eifersüchtig
eifrig
das **Eigelb**, die Eigelbe
eigen
eigenartig
das **Eigenschaftswort**, die Eigenschaftswörter
eigentlich
der **Eilbrief**, die Eilbriefe
eilen, du eilst
eilig
der **Eimer**

Ein

ein, eine, einer, eines
einander
einatmen, du atmest ein
die **Einbahnstraße**, die Einbahnstraßen
der **Einband**, die Einbände
einbinden, du bindest ein, sie band ein, er hat eingebunden
einbrechen, du brichst ein, er brach ein, sie ist eingebrochen
der **Einbrecher**
die **Einbrecherin**, die Einbrecherinnen
der **Einbruch**, die Einbrüche
eincremen, du cremst ein
eindeutig
der **Eindruck**, die Eindrücke
eindrucksvoll

	einfach
	einfädeln, du fädelst ein
die	**Einfahrt**, die Einfahrten
der	**Einfall**, die Einfälle
	einfallen, es fällt mir ein
das	**Einfamilienhaus**, die Einfamilienhäuser
der	**Einfluss**, die Einflüsse
	einflussreich
der	**Eingang**, die Eingänge
	eingebildet
der	**Eingeborene**, die Eingeborenen
die	**Eingeborene**, die Eingeborenen
	eingeschnappt
	einheften, du heftest ein
	einheimisch
die	**Einheit**, die Einheiten
	einheitlich
	einhundert
	einig
	einige
	einigermaßen
der	**Einkauf**, die Einkäufe
	einkaufen, du kaufst ein
der	**Einkaufswagen**
das	**Einkommen**
	einkremen, du kremst ein
	einladen, du lädst ein, sie lud ein, er hat eingeladen
die	**Einladung**, die Einladungen
die	**Einleitung**, die Einleitungen
	einleuchtend
	einmal
das	**Einmaleins**
	einmalig
sich	**einmischen**, du mischst dich ein
	einpacken, du packst ein
sich	**einprägen**, du prägst dir ein
	einräumen, du räumst ein
	eins
	einsam
der	**Einsatzort**, die Einsatzorte
	einschalten, du schaltest ein
	einschenken, du schenkst ein
	einschlafen, du schläfst ein, er schlief ein, sie ist eingeschlafen
	einschließen, du schließt ein, sie schloss ein, er hat eingeschlossen
die	**Einschulung**, die Einschulungen
	einsehen, du siehst ein, er sah ein, sie hat eingesehen
	einseitig
	einsperren, du sperrst ein
	einst
	einsteigen, du steigst ein, sie stieg ein, er ist eingestiegen
	einstimmig
	einstürzen, es stürzt ein
der	**Eintopf**, die Eintöpfe
der	**Eintrag**, die Einträge
der	**Eintritt**
das	**Eintrittsgeld**, die Eintrittsgelder
	einverstanden
die	**Einwegflasche**, die Einwegflaschen
	einwerfen, du wirfst ein, er warf ein, sie hat eingeworfen
der	**Einwohner**
die	**Einwohnerin**, die Einwohnerinnen
die	**Einzahl**
	einzahlen, du zahlst ein
	einzeln
	einzig
das	**Eis**
das	**Eisen**

die **Eisenbahn**, die Eisenbahnen
das **Eishockey**
eisig
eiskalt
der **Eiszapfen**
eitel
der **Eiter**
eitern, es eitert

Ek

der **Ekel**
sich **ekeln**, du ekelst dich
eklig, auch: ekelig

El

elastisch
die **Elbe**
der **Elch**, die Elche
der **Elefant**, die Elefanten
elegant
die **Eleganz**
der **Elektriker**
die **Elektrikerin**, die Elektrikerinnen
elektrisch
die **Elektrizität**
das **Elektrizitätswerk**, die Elektrizitätswerke
das **Elektrogerät**, die Elektrogeräte
der **Elektroherd**, die Elektroherde
das **Element**, die Elemente
das **Elend**
elf, elfmal
die **Elfe**, die Elfen
das **Elfenbein**
der **Elfmeter**
ellenlang
der **Ellenbogen**, auch: Ellbogen
die **Elster**, die Elstern
die **Eltern**
der **Elternabend**, die Elternabend

Em

die **E-Mail** (sprich: iimäil), die E-Mails (elektronische Post)
der **Embryo**, die Embryonen, auch: die Embryos
empfangen, du empfängst, er empfing, sie hat empfangen
empfehlen, du empfiehlst, sie empfahl, er hat empfohlen
empfinden, du empfindest, er empfand, sie hat empfunden
empfindlich
empor
empört
emsig

En

das **Ende**, die Enden
endgültig
endlich
endlos
die **Energie**, die Energien
energisch
eng
der **Engel**
England
der **Engländer**
die **Engländerin**, die Engländerinnen
englisch (sprechen)
Englisch (das Fach Englisch)
der **Enkel**
die **Enkelin**, die Enkelinnen
enorm
entbinden, du entbindest, sie entband, sie hat entbunden
die **Entbindungsstation**, die Entbindungsstationen

entdecken, du entdeckst
die **Ente**, die Enten
entfernen, du entfernst
entfernt
die **Entfernung**, die Entfernungen
entführen, du entführst
die **Entführung**, die Entführungen
entgegen
entgegnen, du entgegnest
entgehen, du entgehst, er entging, sie ist entgangen
entgeistert
entkommen, du entkommst, sie entkam, er ist entkommen
entlang
entlassen, du entlässt, er entließ, sie hat entlassen
entlaufen, er entläuft, er entlief, sie ist entlaufen
entrüstet
entscheiden, du entscheidest, er entschied, sie hat entschieden
die **Entscheidung**, die Entscheidungen
sich **entschließen**, du entschließt dich, sie entschloss sich, er hat sich entschlossen
der **Entschluss**, die Entschlüsse
sich **entschuldigen**, du entschuldigst dich
die **Entschuldigung**, die Entschuldigungen
entsetzlich
entsetzt
entsorgen, du entsorgst
entspannt
entsprechend
entstehen, es entsteht, es entstand, es ist entstanden
enttäuscht
entweder ... oder
entwickeln, du entwickelst
der **Entwurf**, die Entwürfe
entzückend
die **Entzündung**, die Entzündungen
entzwei

Er

er
erbarmungslos
erben, du erbst
die **Erbse**, die Erbsen
das **Erdbeben**
die **Erdbeere**, die Erdbeeren
die **Erde**
das **Erdgeschoss**, die Erdgeschosse
die **Erdkunde**
die **Erdnuss**, die Erdnüsse
erdrücken, du erdrückst
das **Ereignis**, die Ereignisse
erfahren, du erfährst, er erfuhr, sie hat erfahren
die **Erfahrung**, die Erfahrungen
erfassen, du erfasst
erfinden, du erfindest, sie erfand, er hat erfunden
die **Erfindung**, die Erfindungen
der **Erfolg**, die Erfolge
erfolgreich

Erholung

erfreulich
erfreut
sich **erfrischen**, du erfrischst dich
ergänzen, du ergänzt
die **Ergänzung**, die Ergänzungen
das **Ergebnis**, die Ergebnisse
ergreifen,
du ergreifst, er ergriff,
sie hat ergriffen
erhalten,
du erhältst, sie erhielt,
er hat erhalten
sich **erholen**, du erholst dich
die **Erholung**
sich **erinnern**, du erinnerst dich
die **Erinnerung**, die Erinnerungen
sich **erkälten**, du erkältest dich
die **Erkältung**, die Erkältungen
erkennen,
du erkennst, er erkannte,
sie hat erkannt

erklären, du erklärst
die **Erklärung**, die Erklärungen
sich **erkundigen**,
du erkundigst dich
erlauben, du erlaubst
die **Erlaubnis**
erleben, du erlebst
das **Erlebnis**, die Erlebnisse
erledigen, du erledigst
erleichtert
ermahnen, du ermahnst
sich **ernähren**, du ernährst dich
die **Ernährung**
ernst
die **Ernte**, die Ernten
ernten, du erntest
erobern, du eroberst
der **Erpresser**
erraten,
du errätst, er erriet, sie hat erraten
erreichen, du erreichst
das **Ersatzteil**, die Ersatzteile
erscheinen, es erscheint,
es erschien, es ist erschienen
erschöpft
erschrecken,
du erschreckst ihn
(jemand erschrecken)
erschrecken,
du erschrickst, er erschrak,
sie ist erschrocken
erschüttert
erst
erstarrt
erstaunt
erstens
ersticken, du erstickst
die **Erstkommunion**

erstmals
ertappen, du ertappst
ertrinken, du ertrinkst, er ertrank, sie ist ertrunken
der **Erwachsene**, die Erwachsenen
erwarten, du erwartest
die **Erwartung**, die Erwartungen
erwidern, du erwiderst
erwischen, du erwischst
erzählen, du erzählst
die **Erzählung**, die Erzählungen
erziehen, du erziehst, sie erzog, er hat erzogen
der **Erzieher**
die **Erzieherin**, die Erzieherinnen
der **Erziehungsberechtigte**, die Erziehungsberechtigten

Es

es
der **Esel**
das **Eselsohr**, die Eselsohren
der **Eskimo**, die Eskimos, auch: die Eskimo
essbar
essen, du isst, er aß, sie hat gegessen
das **Essen**
der **Essig**
der **Esslöffel**

Et

die **Etage** (sprich: etaasche), die Etagen (Stockwerk)
die **Etappe**, die Etappen
das **Etikett**, die Etiketten, auch: die Etiketts
das **Etui**, die Etuis
etwa
etwas

Eu

euch
euer, eure
die **Eule**, die Eulen
der **Euro**, die Euros (Währung)
der **Eurocent**, die Eurocents (Währung)
der **Eurocity** (EC), die Eurocitys
Europa
der **Europäer**
die **Europäerin**, die Europäerinnen
europäisch
die **Europäische Union** (EU)
das **Euter**

Ev

evangelisch
das **Evangelium**, die Evangelien
eventuell

Ew

ewig
die **Ewigkeit**, die Ewigkeiten

Ex

exakt
das **Examen**, die Examen, auch: die Examina
das **Exemplar**, die Exemplare
die **Existenz**, die Existenzen
exklusiv
exotisch
die **Expedition**, die Expeditionen
das **Experiment**, die Experimente
experimentieren, du experimentierst
explodieren, es explodiert
die **Explosion**, die Explosionen
der **Express**
extra
extrem

Fa

Fa

die **Fabel**, die Fabeln
fabelhaft
die **Fabrik**, die Fabriken
das **Fach**, die Fächer
der **Fächer**
das **Fachwerkhaus**, die Fachwerkhäuser
die **Fackel**, die Fackeln
fad, auch: fade
der **Faden**, die Fäden
fähig
die **Fähigkeit**, die Fähigkeiten
die **Fahne**, die Fahnen
die **Fahrbahn**, die Fahrbahnen
die **Fähre**, die Fähren
fahren, du fährst, sie fuhr, er ist gefahren
der **Fahrer**
die **Fahrerin**, die Fahrerinnen
der **Fahrgast**, die Fahrgäste
der **Fahrplan**, die Fahrpläne
das **Fahrrad**, die Fahrräder
die **Fahrt**, die Fahrten
das **Fahrzeug**, die Fahrzeuge
fair (sprich: fär) (gerecht)
der **Faktor**, die Faktoren
der **Falke**, die Falken
der **Fall**, die Fälle
fallen, du fällst, er fiel, sie ist gefallen
falls
falsch
falten, du faltest
der **Falter**
die **Familie**, die Familien
der **Familienname**, die Familiennamen
der **Fan** (sprich: fän), die Fans (Anhänger)
der **Fanclub** (sprich: fänklub), die Fanclubs, auch: der Fanklub
fangen, du fängst, sie fing, er hat gefangen
die **Fantasie**, die Fantasien, auch: die Phantasie
fantastisch, auch: phantastisch
die **Farbe**, die Farben
färben, du färbst
der **Farbfernseher**
farbig
die **Farm**, die Farmen
der **Farn**, die Farne
der **Fasching**
das **Fass**, die Fässer
fassen, du fasst
fassungslos
fast (beinahe)
fasten, du fastest
das **Fastfood** (sprich: faastfuud) („schnelles Essen")
die **Fastnacht**
fauchen, du fauchst
faul
faulenzen, du faulenzt
der **Faulpelz**, die Faulpelze
die **Faust**, die Fäuste
der **Favorit**, die Favoriten
das **Fax**, die Faxe, auch: die Fax (ein Fax senden)

faxen, du faxt
die **Faxen**
(dumme Faxen machen)
das **Faxgerät**, die Faxgeräte

Fe

der **Februar**
fechten, du fichtst, sie focht, er hat gefochten
die **Feder**, die Federn
der **Federhalter**
federleicht
die **Fee**, die Feen
fegen, du fegst
fehlen, du fehlst
der **Fehler**
fehlerlos
der **Fehlstart**, die Fehlstarts
die **Feier**, die Feiern
der **Feierabend**, die Feierabende
feierlich
feiern, du feierst
der **Feiertag**, die Feiertage
feig, auch: feige
die **Feige**, die Feigen
die **Feile**, die Feilen
fein
der **Feind**, die Feinde
die **Feindschaft**, die Feindschaften
das **Feld**, die Felder
die **Felge**, die Felgen
das **Fell**, die Felle
der **Felsen**, auch: der Fels
das **Fenster**
die **Fensterscheibe**, die Fensterscheiben
die **Ferien**
das **Ferkel**
fern
die **Fernbedienung,** die Fernbedienungen
der **Fernfahrer**
das **Ferngespräch**, die Ferngespräche
das **Fernglas**, die Ferngläser
das **Fernrohr**, die Fernrohre
der **Fernsehapparat**
fernsehen, du siehst fern, er sah fern, sie hat ferngesehen
das **Fernsehen**
der **Fernseher**
das **Fernsehgerät**, die Fernsehgeräte
das **Fernsehprogramm**, die Fernsehprogramme
die **Ferse**, die Fersen
fertig
das **Fertighaus**, die Fertighäuser
fesseln, du fesselst
fest
das **Fest**, die Feste
festhalten, du hältst fest, sie hielt fest, er hat festgehalten
festlich
die **Festnahme**, die Festnahmen
feststellen, du stellst fest
das **Festzelt**, die Festzelte
die **Fete**, die Feten
fett
das **Fett**, die Fette
fettarm
fettig
der **Fetzen**
feucht
das **Feuchtbiotop**, auch: der Feuchtbiotop, die Feuchtbiotope
das **Feuer**

der **Feuerlöscher**
die **Feuerwehr**
das **Feuerwehrauto**, die Feuerwehrautos
die **Feuerwehrleute**
der **Feuerwehrmann**, die Feuerwehrmänner
das **Feuerwerk**, die Feuerwerke
das **Feuerzeug**, die Feuerzeuge

Fi

die **Fibel**, die Fibeln
die **Fichte**, die Fichten
das **Fieber**
das **Fieberthermometer**
fies
die **Figur**, die Figuren
der **Film**, die Filme
der **Filmstar**, die Filmstars
der **Filter**, auch: das Filter
filtern, du filterst
der **Filzpantoffel**, die Filzpantoffeln
der **Filzstift**, die Filzstifte
das **Finanzamt**, die Finanzämter
finden, du findest, sie fand, er hat gefunden
der **Finderlohn**
der **Finger**
der **Fink**, die Finken
der **Finne**, die Finnen
die **Finnin**, die Finninnen
finnisch
Finnland
finster
die **Finsternis**
die **Firma**, die Firmen
die **Firmung**, die Firmungen
der **Fisch**, die Fische
fischen, du fischst
das **Fischerboot**, die Fischerboote
fit, fitter, am fittesten
das **Fitnesscenter**
fix

Fl

flach
die **Fläche**, die Flächen
flackern, es flackert

Feuerwehrauto

der **Fladen**
das **Fladenbrot**, die Fladenbrote
die **Flagge**, die Flaggen
die **Flamme**, die Flammen
die **Flanke**, die Flanken
die **Flasche**, die Flaschen
der **Flaschenöffner**
flattern, er flattert
der **Flaum**
die **Flaute**, die Flauten
flechten, du flichtst, sie flocht, er hat geflochten
der **Fleck**, die Flecken
fleckig
die **Fledermaus**, die Fledermäuse

der **Flegel**
das **Fleisch**
die **Fleischerei**, die Fleischereien
der **Fleiß**
die **Fleißarbeit**, die Fleißarbeiten
fleißig
flicken, du flickst
der **Flieder**
die **Fliege**, die Fliegen
fliegen, du fliegst, er flog, sie ist geflogen
fliehen, du fliehst, sie floh, er ist geflohen
die **Fliese**, die Fliesen
fließen, er fließt, er floss, sie ist geflossen
flimmern, es flimmert
flink
flitzen, du flitzt
die **Flocke**, die Flocken
der **Floh**, die Flöhe
der **Flohmarkt**, die Flohmärkte
der **Flop**, die Flops
das **Floß**, die Flöße
die **Flosse**, die Flossen
die **Flöte**, die Flöten
flott
der **Fluch**, die Flüche
flüchten, du flüchtest
der **Flüchtling**, die Flüchtlinge
der **Flug**, die Flüge
der **Flügel**
flügge
der **Flughafen**, die Flughäfen
flugs
das **Flugzeug**, die Flugzeuge
der **Flur**, die Flure
der **Fluss**, die Flüsse
flussabwärts
flüssig
flüstern, du flüsterst
die **Flut**, die Fluten
das **Flutlicht**, die Flutlichter

Fo

das **Fohlen**
der **Föhn**, auch: der Fön, die Föhne
föhnen, du föhnst
die **Folge**, die Folgen
folgen, es folgt
die **Folie**, die Folien
fordern, du forderst
der **Förderunterricht**
die **Forelle**, die Forellen
die **Form**, die Formen
das **Format**, die Formate
formulieren, du formulierst
forschen, du forschst
der **Forscher**
die **Forscherin**, die Forscherinnen
der **Forst**, die Forste, auch: die Forsten
der **Förster**
die **Försterin**, die Försterinnen
fort
der **Fortschritt**, die Fortschritte
die **Fortsetzung**, die Fortsetzungen
das **Foto**, die Fotos
der **Fotoapparat**, die Fotoapparate
der **Fotograf**, die Fotografen
die **Fotografie**, die Fotografien
fotografieren, du fotografierst
die **Fotografin**, die Fotografinnen
die **Fotokopie**, die Fotokopien
fotokopieren, du fotokopierst
das **Foul** (sprich: faul), die Fouls
foulen, du foulst

Fr

der **Frachter**
die **Frage**, die Fragen
fragen, du fragst
der **Fragesatz**, die Fragesätze
das **Fragezeichen**
frankieren, du frankierst
Frankreich
der **Franzose**, die Franzosen
die **Französin**, die Französinnen
französisch
die **Fratze**, die Fratzen
die **Frau**, die Frauen
das **Fräulein**, die Fräuleins
frech
der **Frechdachs**, die Frechdachse
frei
das **Freibad**, die Freibäder
ins **Freie**
freihändig
die **Freiheit**, die Freiheiten
der **Freitag**, die Freitage
freitags
freiwillig
die **Freizeit**
fremd
der **Fremde**, die Fremden
die **Fremde**, die Fremden
die **Fremdsprache**, die Fremdsprachen
das **Fremdwort**, die Fremdwörter
fressen, er frisst, er fraß, er hat gefressen
die **Freude**, die Freuden
freudestrahlend
sich **freuen**, du freust dich
der **Freund**, die Freunde
die **Freundin**, die Freundinnen
freundlich
die **Freundschaft**, die Freundschaften
der **Frieden**
der **Friedhof**, die Friedhöfe
friedlich
frieren, du frierst, sie fror, er hat gefroren
das **Frisbee** (sprich: frissbi), die Frisbees (Wurfscheibe)
frisch
frisieren, du frisierst
der **Frisör**, auch: der Friseur, die Frisöre
die **Frisörin**, auch: die Friseurin, die Frisörinnen
die **Frisur**, die Frisuren
froh
fröhlich
fromm
frontal
der **Frosch**, die Frösche
der **Froschlaich**, die Froschlaiche
der **Frost**, die Fröste
frostig
das **Frotteehandtuch**, auch: das Frottéhandtuch, die Frotteehandtücher
die **Frucht**, die Früchte
fruchtbar
früh
früher
das **Frühjahr**, die Frühjahre
der **Frühling**
der **Frühlingsanfang**
das **Frühstück**
frühstücken, du frühstückst
der **Frust**
frustriert

Fu Fü

Fu

der **Fuchs**, die Füchse
fuchsteufelswild
fuchteln, du fuchtelst
fühlen, du fühlst
(Es fühlt sich weich an.)
der **Fühler** (die Fühler der Schnecke)
führen, du führst
der **Führer**
die **Führerin**, die Führerinnen
der **Führerschein**, die Führerscheine
füllen, du füllst
der **Füller**
der **Fund**, die Funde
das **Fundbüro**, die Fundbüros
fünf, fünfmal
fünfzehn
fünfzig
der **Funk**
der **Funke**, die Funken
funkeln, es funkelt
funkelnagelneu
das **Funkgerät**, die Funkgeräte
der **Funkstreifenwagen**
funktionieren, es funktioniert
der **Funkturm**, die Funktürme
für
die **Furche**, die Furchen
die **Furcht**
furchtbar
Furcht einflößend
fürchten, du fürchtest
fürchterlich
furchtlos
füreinander
die **Fürsorge**
fürsorglich
der **Fürst**, die Fürsten
die **Fürstin**, die Fürstinnen
das **Fürwort**, die Fürwörter
der **Furz**, die Fürze
der **Fuß**, die Füße
der **Fußball**, die Fußbälle
das **Fußballspiel**, die Fußballspiele
Fußball spielen
das **Fußballstadion**, die Fußballstadions
der **Fußboden**, die Fußböden
der **Fußgänger**
die **Fußgängerin**, die Fußgängerinnen
der **Fußgängerüberweg**, die Fußgängerüberwege
die **Fußgängerzone**, die Fußgängerzonen
das **Fußgelenk**, die Fußgelenke
der **Fussel**, die Fusseln
oder: die Fussel
das **Futter**
das **Futterhäuschen**
füttern, du fütterst
das **Futur**

Fuchs

G

g (Abkürzung für Gramm)

Ga

die **Gabel**, die Gabeln
der **Gabelstapler**
gackern, du gackerst
gaffen, er gafft
der **Gag** (sprich: gäg), die Gags (witzige Idee)
gähnen, du gähnst
die **Galaxie**, die Galaxien
die **Galeere**, die Galeeren
der **Galgen**
die **Galle**, die Gallen
der **Galopp**
galoppieren, es galoppiert
der **Gameboy**, die Gameboys
gammeln, es gammelt
die **Gämse**, die Gämsen
der **Gang**, die Gänge
die **Gangschaltung**, die Gangschaltungen
der **Gangster** (sprich: gängster)
der **Ganove**, die Ganoven
die **Gans**, die Gänse
das **Gänsefüßchen**
das **Gänseblümchen**
die **Gänsehaut**
ganz
die **Ganztagsschule**, die Ganztagsschulen
gar
die **Garage** (sprich: garaasche), die Garagen
die **Garantie**, die Garantien
garantieren, du garantierst
die **Garderobe**, die Garderoben
die **Gardine**, die Gardinen
das **Garn**, die Garne
gar nicht
garnieren, du garnierst
garstig
der **Garten**, die Gärten
der **Gartenzaun**, die Gartenzäune
der **Gartenzwerg**, die Gartenzwerge
der **Gärtner**
die **Gärtnerei**, die Gärtnereien
die **Gärtnerin**, die Gärtnerinnen
das **Gas**, die Gase
die **Gasheizung**, die Gasheizungen
das **Gaspedal**, die Gaspedale
die **Gasse**, die Gassen
der **Gast**, die Gäste
das **Gasthaus**, die Gasthäuser
die **Gaststätte**, die Gaststätten
der **Gatte**, die Gatten
das **Gatter**
die **Gattin**, die Gattinnen
der **Gaukler**
die **Gauklerin**, die Gauklerinnen
der **Gaul**, die Gäule
der **Gaumen**
der **Gauner**
die **Gaunerin**, die Gaunerinnen

Ge

geb. (Abkürzung für geboren)
das **Gebäck**, die Gebäcke
die **Gebärde**, die Gebärden
das **Gebäude**
das **Gebell**

geben, du gibst, sie gab,
er hat gegeben
das **Gebet**, die Gebete
gebeten
das **Gebiet**, die Gebiete
gebildet
das **Gebirge**
das **Gebiss**, die Gebisse
gebogen
geboren
das **Gebot**, die Gebote
gebrannt
gebrauchen, du gebrauchst
die **Gebrauchsanweisung**,
die Gebrauchsanweisungen
gebraucht
der **Gebrauchtwagen**
gebrochen
das **Gebrüll**
die **Gebühr**, die Gebühren
gebunden
die **Geburt**, die Geburten
der **Geburtstag**, die Geburtstage
die **Geburtstagsfeier**,
die Geburtstagsfeiern
das **Geburtstagsgeschenk**,
die Geburtstagsgeschenke
das **Gebüsch**, die Gebüsche
das **Gedächtnis**
der **Gedanke**, die Gedanken
der **Gedankenstrich**,
die Gedankenstriche
das **Gedeck**, die Gedecke
die **Gedenkstätte**, die Gedenkstätten
das **Gedicht**, die Gedichte
das **Gedränge**
die **Geduld**
geduldig

geeignet
die **Gefahr**, die Gefahren
gefährlich
gefallen,
es gefällt, es gefiel, es hat gefallen
sich **etwas gefallen lassen**,
du lässt dir etwas gefallen,
er ließ sich etwas gefallen,
sie hat sich etwas gefallen lassen
gefangen
das **Gefängnis**, die Gefängnisse
das **Gefäß**, die Gefäße
das **Gefieder**
gefiedert
gefleckt
geflickt
das **Geflügel**
das **Geflüster**
gefräßig
gefrieren, es gefriert, es gefror,
es ist gefroren
die **Gefriertruhe**, die Gefriertruhen
das **Gefühl**, die Gefühle
gefühlvoll
gegen
die **Gegend**, die Gegenden
gegeneinander
der **Gegensatz**, die Gegensätze
gegensätzlich
gegenseitig
der **Gegenstand**, die Gegenstände
das **Gegenteil**, die Gegenteile
gegenüber
die **Gegenwart**
der **Gegenwind**
der **Gegner**
die **Gegnerin**, die Gegnerinnen
das **Gehalt**, die Gehälter

Geisterbahn

gehässig
die **Gehässigkeit**, die Gehässigkeiten
das **Gehäuse**
das **Gehege**
geheim
das **Geheimnis**, die Geheimnisse
gehemmt
gehen, du gehst, er ging, sie ist gegangen
geheuer
das **Gehirn**, die Gehirne
die **Gehirnerschütterung**, die Gehirnerschütterungen
das **Gehör**
gehorchen, du gehorchst
gehören, es gehört
gehörlos
gehorsam
der **Gehweg**, die Gehwege
der **Geier**
die **Geige**, die Geigen
geil
die **Geisel**, die Geiseln
die **Geiselnahme**, die Geiselnahmen
der **Geist**, die Geister
die **Geisterbahn**, die Geisterbahnen
die **Geisterstunde**, die Geisterstunden
der **Geizhals**, die Geizhälse
der **Geiz**
geizig
gekonnt
das **Gekritzel**
das **Gelächter**
das **Gelände**
das **Geländer**
gelaunt
gelb
der **gelbe Sack**, die gelben Säcke (Müll)
das **Geld**, die Gelder
der **Geldautomat**, die Geldautomaten
der **Geldbeutel**

das **Gelee** (sprich: schelee), auch: der Gelee, die Gelees
die **Gelegenheit**, die Gelegenheiten
gelegentlich
das **Gelenk**, die Gelenke
gelenkig
gelingen, es gelingt, es gelang, es ist gelungen
gelogen
gelten, es gilt, es galt, es hat gegolten
gelungen
das **Gemälde**
gemein
die **Gemeinde**, die Gemeinden
gemeinsam
die **Gemeinschaft**, die Gemeinschaften
das **Gemüse**
gemütlich
genau
genauso
genehmigen, du genehmigst
die **Generation**, die Generationen
der **Generator**, die Generatoren
das **Genick**, die Genicke
sich **genieren** (sprich: scheniiren), du genierst dich (sich schämen)
genießbar
genießen, du genießt, sie genoss, er hat genossen
der **Genitiv**
genommen
genug
genügen, es genügt
genügend
der **Genuss**, die Genüsse
die **Geografie**, auch: die Geographie

die **Geometrie**
geometrisch
das **Gepäck**, die Gepäckstücke
der **Gepäckträger**
das **Geplapper**
das **Gepolter**
das **Gequengel**
gerade
geradeaus
geradezu
das **Geraschel**
das **Gerät**, die Geräte
das **Geräteturnen**
geräumig
das **Geräusch**, die Geräusche
gerecht
gereinigt
das **Gericht**, die Gerichte
gerieben
gering
geringelt
das **Gerippe**
gern, auch: gerne
die **Gerste**
der **Geruch**, die Gerüche
das **Gerücht**, die Gerüchte
das **Gerümpel**
das **Gerüst**, die Gerüste
der **Gesang**, die Gesänge
das **Geschäft**, die Geschäfte
geschehen, es geschieht, es geschah, es ist geschehen
gescheit
das **Geschenk**, die Geschenke
die **Geschichte**, die Geschichten
das **Geschichtenbuch**, die Geschichtenbücher
geschickt

geschieden
das **Geschirr**, die Geschirre
die **Geschirrspülmaschine**, die Geschirrspülmaschinen
das **Geschlecht**, die Geschlechter
das **Geschlechtswort**, die Geschlechtswörter
geschlossen
der **Geschmack**, die Geschmäcker
geschmeidig
geschoren
das **Geschoss**, die Geschosse
das **Geschrei**
geschwind
die **Geschwindigkeit**, die Geschwindigkeiten
die **Geschwister**
geschwollen
das **Geschwür**, die Geschwüre
das **Gesetz**, die Gesetze
das **Gesicht**, die Gesichter
der **Gesichtsausdruck**, die Gesichtsausdrücke
gespannt
das **Gespenst**, die Gespenster
gespenstig, auch: gespenstisch
das **Gespött**
das **Gespräch**, die Gespräche
die **Gestalt**, die Gestalten
gestalten, du gestaltest
das **Gestammel**
das **Geständnis**, die Geständnisse
der **Gestank**
die **Geste**, die Gesten
gestehen, du gestehst, sie gestand, er hat gestanden
das **Gestell**, die Gestelle
gestern

das **Gestirn**, die Gestirne
gestohlen
gestorben
gestreift
das **Gestrüpp**, die Gestrüppe
gesund
die **Gesundheit**
gesundheitsschädlich
das **Getränk**, die Getränke
der **Getränkeautomat**, die Getränkeautomaten
der **Getränkemarkt**, die Getränkemärkte
das **Getreide**
getrennt
das **Getriebe**
das **Getuschel**
das **Gewächs**, die Gewächse
das **Gewächshaus**, die Gewächshäuser
die **Gewalt**, die Gewalten
gewaltig
gewalttätig
das **Gewand**, die Gewänder
gewandt
das **Gewässer**
das **Gewehr**, die Gewehre
das **Geweih**, die Geweihe
gewesen – sein
das **Gewicht**, die Gewichte
das **Gewimmel**
der **Gewinn**, die Gewinne
gewinnen, du gewinnst, sie gewann, er hat gewonnen
der **Gewinner**
die **Gewinnerin**, die Gewinnerinnen
gewiss
das **Gewissen**

gewissenhaft
das **Gewitter**
gewittrig
sich **gewöhnen**, du gewöhnst dich
die **Gewohnheit**, die Gewohnheiten
gewöhnlich
gewohnt
gewollt
gewonnen
geworden
das **Gewürz**, die Gewürze
gewusst
gezackt
die **Gezeiten**

Gi

der **Giebel**
die **Gier**
gierig
gießen, du gießt, er goss, sie hat gegossen
die **Gießkanne**, die Gießkannen
das **Gift**, die Gifte
giftig
der **Giftmüll**
die **Giftmülldeponie**, die Giftmülldeponien
der **Giftstoff**, die Giftstoffe
gigantisch
der **Gipfel**
der **Gips**
die **Giraffe**, die Giraffen
das **Girl**, die Girls
die **Girlande**, die Girlanden
die **Gitarre**, die Gitarren
das **Gitter**

Gl

der **Glanz**
glänzen, es glänzt
glänzend
das **Glas**, die Gläser
glatt, glatter, auch: glätter, am glattesten, auch: glättesten
die **Glätte**
das **Glatteis**
die **Glatze**, die Glatzen
der **Glaube**
glauben, du glaubst
gleich
das **Gleichgewicht**
gleichzeitig
das **Gleis**, die Gleise
gleiten, du gleitest, er glitt, sie ist geglitten
der **Gletscher**
das **Glied**, die Glieder
die **Gliedmaßen**
glitschig
glitzern, es glitzert
der **Globus**, die Globusse, auch: die Globen
die **Glocke**, die Glocken
das **Glockenspiel**, die Glockenspiele
glotzen, du glotzt
das **Glück**
gluckern, es gluckert
glücklich
der **Glückwunsch**, die Glückwünsche
die **Glühbirne**, die Glühbirnen
glühen, es glüht
die **Glut**, die Gluten

Gn

die **Gnade**, die Gnaden
gnädig
der **Gnom**, die Gnome

Go

der **Gockel**

das **Gold**
golden
der **Goldfisch**, die Goldfische
goldig
die **Goldmedaille** (sprich: goldmedallje), die Goldmedaillen
das **Golf** (Golf spielen)
die **Gondel**, die Gondeln
der **Gong**, die Gongs
gönnen, du gönnst
der **Gorilla**, die Gorillas
der **Gott**, die Götter
die **Göttin**, die Göttinnen
der **Gottesdienst**, die Gottesdienste

Gr

das **Grab**, die Gräber
graben, du gräbst, sie grub, er hat gegraben
der **Graben**, die Gräben
der **Grad**, die Grade
der **Graf**, die Grafen
die **Gräfin**, die Gräfinnen
das **Gramm**
die **Grammatik**, die Grammatiken
die **Granate**, die Granaten
grantig
die **Grapefruit** (sprich: gräipfruut), die Grapefruits (Zitrusfrucht)
das **Gras**, die Gräser
grasen, das Pferd grast
der **Grashalm**, die Grashalme
der **Grashüpfer**
grässlich
die **Gräte**, die Gräten
gratis
die **Grätsche**, die Grätschen
die **Gratulation**, die Gratulationen
gratulieren, du gratulierst
grau
das **Grauen**
sich **grauen**, es graut dir
grauenhaft
der **Graupelschauer**
grausam
die **Grausamkeit**, die Grausamkeiten
grausig
greifen, du greifst, sie griff, er hat gegriffen
der **Greifvogel**, die Greifvögel
der **Greis**, die Greise
die **Greisin**, die Greisinnen
grell
die **Grenze**, die Grenzen
grenzenlos
der **Grieche**, die Griechen
Griechenland
die **Griechin**, die Griechinnen
griechisch
der **Griff**, die Griffe
der **Grill**, die Grills
die **Grille**, die Grillen
grillen, du grillst
der **Grillplatz**, die Grillplätze
die **Grimasse**, die Grimassen
grimmig
grinsen, du grinst
die **Grippe** (an Grippe erkranken)
der **Grips**
grob
grölen, du grölst
der **Groschen**
groß, größer, am größten
großartig
Großbritannien

die **Größe**, die Größen
die **Großeltern**
größer, am größten – groß
die **Großmutter**, die Großmütter
die **Großstadt**, die Großstädte
größtenteils
der **Großvater**, die Großväter
großziehen, du ziehst groß, sie zog groß, er hat großgezogen
die **Grotte**, die Grotten
die **Grube**, die Gruben (in eine Grube fallen)
das **Grübchen**
grübeln, du grübelst
die **Gruft**, die Gruften
grün
gründen, du gründest
gründlich
der **Grund**, die Gründe
auf **Grund**, auch: aufgrund
grundsätzlich
die **Grundschule**, die Grundschulen
der **Grundschüler**
die **Grundschülerin**, die Grundschülerinnen
das **Grundstück**, die Grundstücke
die **Grünfläche**, die Grünflächen
das **Grünfutter**
grunzen, es grunzt
die **Gruppe**, die Gruppen
die **Gruppenarbeit**
die **Gruselgeschichte**, die Gruselgeschichten
gruselig
sich **gruseln**, du gruselst dich
der **Gruß**, die Grüße
grüßen, du grüßt
die **Grütze**, die Grützen

Gu

gucken, du guckst
das **Guckloch**, die Gucklöcher
das **Gulasch**, auch: der Gulasch
der **Gully**, auch: das Gully, die Gullys
der **Gullydeckel**
gültig
die **Gültigkeit**
der **Gummi**, auch: das Gummi, die Gummis
das **Gummibärchen**
der **Gummistiefel**
das **Gummitwist**
günstig
der **Guppy**, die Guppys
die **Gurgel**, die Gurgeln
gurgeln, du gurgelst
die **Gurke**, die Gurken
der **Gurkensalat**, die Gurkensalate
gurren, sie gurrt
der **Gurt**, die Gurte
der **Gürtel**
der **Guss**, die Güsse
gut, besser, am besten
das **Gut**, die Güter
die **Güte**
gütig
der **Güterbahnhof**, die Güterbahnhöfe
der **Güterzug**, die Güterzüge
gutmütig
der **Gutschein**, die Gutscheine

Gy

der **Gymnasiast**, die Gymnasiasten
die **Gymnasiastin**, die Gymnasiastinnen
das **Gymnasium**, die Gymnasien
die **Gymnastik**
das **Gyros**

A B C D E F G **H** I J K L M N O P Q R S T U V W X Y Z

Ha

das **Haar**, die Haare
das **Haarband**, die Haarbänder
um **Haaresbreite**
haargenau
haben, du hast, er hatte, sie hat gehabt
der **Habicht**, die Habichte
die **Hacke**, die Hacken
hacken, du hackst
das **Hackfleisch**
der **Hafen**, die Häfen
die **Hafenrundfahrt**, die Hafenrundfahrten
der **Hafer**
die **Haferflocken**
die **Haft**
haften, es haftet
der **Häftling**, die Häftlinge
die **Hagebutte**, die Hagebutten
der **Hagel**
hageln, es hagelt
der **Hahn**, die Hähne
das **Hähnchen**
der **Hahnenfuß**
der **Hai**, die Haie
häkeln, du häkelst
der **Haken**
halb
halbieren, du halbierst
die **Hälfte**, die Hälften
das **Halfter**
die **Halle**, die Hallen
halleluja
das **Hallenbad**, die Hallenbäder
hallo
der **Halm**, die Halme
die **Halogenlampe**, die Halogenlampen
der **Hals**, die Hälse
halt
haltbar
halten, du hältst, sie hielt, er hat gehalten
die **Haltestelle**, die Haltestellen
der **Halunke**, die Halunken
Hamburg
der **Hamburger**
hämisch
der **Hammel**
der **Hammer**, die Hämmer
hämmern, du hämmerst
der **Hampelmann**, die Hampelmänner
der **Hamster**
die **Hand**, die Hände
der **Handball**, die Handbälle
der **Handel**
handeln, du handelst
das **Handgelenk**, die Handgelenke
der **Händler**
die **Händlerin**, die Händlerinnen
die **Handlung**, die Handlungen
die **Handschellen**
der **Handschuh**, die Handschuhe
die **Handtasche**, die Handtaschen
das **Handtuch**, die Handtücher
der **Handwerker**
die **Handwerkerin**, die Handwerkerinnen

das **Handy** (sprich: händi), die Handys (Mobiltelefon)
der **Hang**, die Hänge
die **Hängematte**, die Hängematten
hängen, du hängst, er hing, sie hat gehangen
die **Hänselei**, die Hänseleien
hänseln, du hänselst
die **Hantel**, die Hanteln
hantieren, du hantierst
happy (sprich: häppi) (glücklich)
das **Härchen**
die **Hardware** (sprich: haatwär) (feste Teile des Computers)
die **Harke**, die Harken
harmlos
der **Harn**
die **Harnblase**, die Harnblasen
die **Harpune**, die Harpunen
hart, härter, am härtesten
hartnäckig
das **Harz**, die Harze
der **Hase**, die Hasen
die **Haselnuss**, die Haselnüsse
der **Hass**
hassen, du hasst
hässlich
hastig
der **Hauch**
hauchdünn
hauchen, du hauchst
hauen, du haust
der **Haufen**
häufig
das **Haupt**, die Häupter
der **Hauptbahnhof**, die Hauptbahnhöfe
der **Häuptling**, die Häuptlinge
die **Hauptsache**
die **Hauptschule**, die Hauptschulen
der **Hauptschüler**
die **Hauptschülerin**, die Hauptschülerinnen
die **Hauptstadt**, die Hauptstädte
das **Haus**, die Häuser
der **Hausarrest**
die **Hausaufgabe**, die Hausaufgaben
zu **Hause**
der **Haushalt**, die Haushalte
haushoch
der **Hausmeister**
der **Hausschlüssel**
der **Hausschuh**, die Hausschuhe
das **Haustier**, die Haustiere
die **Haut**, die Häute
sich **häuten**, sie häutet sich
die **Hautfarbe**, die Hautfarben

He

das **Heavymetal** (sprich: hewwimättl), auch: Heavy Metal (Musikrichtung)
die **Hebamme**, die Hebammen
der **Hebel**
heben, du hebst, sie hob, er hat gehoben
hecheln, du hechelst
der **Hecht**, die Hechte
der **Hechtsprung**, die Hechtsprünge
das **Heck**, die Hecke, auch: die Hecks (das Heck des Schiffs)
die **Hecke**, die Hecken (eine Hecke schneiden)
die **Heckenrose**, die Heckenrosen
die **Heckscheibe**, die Heckscheiben
die **Hefe**
der **Hefekuchen**
der **Hefeteig**, die Hefeteige
das **Heft**, die Hefte

heften, du heftest

heftig

das **Heftpflaster**

die **Heide**, die Heiden

die **Heidelbeere**, die Heidelbeeren

heikel

heil

heilen, es heilt

heilig

der **Heiligabend**

heim

das **Heim**, die Heime

die **Heimat**, die Heimaten

die **Heimatkunde**

das **Heimatmuseum**, die Heimatmuseen

der **Heimatort**, die Heimatorte

heimfahren, du fährst heim, sie fuhr heim, er ist heimgefahren

heimgehen, du gehst heim, er ging heim, sie ist heimgegangen

heimkommen, du kommst heim, sie kam heim, er ist heimgekommen

heimlich

der **Heimweg**, die Heimwege

das **Heimweh**

die **Heirat**

heiraten, du heiratest

heiser

die **Heiserkeit**

heiß

heißen, du heißt, er hieß, sie hat geheißen

der **Heißhunger**

heiter

die **Heiterkeit**

heizen, du heizt

die **Heizung**, die Heizungen

die **Hektik**

hektisch

der **Hektoliter** (1 hl = 100 l)

der **Held**, die Helden

die **Heldin**, die Heldinnen

helfen, du hilfst, sie half, er hat geholfen

hell

der **Helm**, die Helme

das **Hemd**, die Hemden

der **Hengst**, die Hengste

der **Henkel**

die **Henne**, die Hennen

Her

her

herab

heran

herauf

heraus

herausholen, du holst heraus

herauskommen, du kommst heraus, sie kam heraus, er ist herausgekommen

herbei

die **Herberge**, die Herbergen

der **Herbst**

der **Herd**, die Herde (auf dem Herd kochen)

die **Herde**, die Herden (eine Schafherde)

herein

hereinkommen, du kommst herein, er kam herein, sie ist hereingekommen

der **Hering**, die Heringe

der **Herr**, die Herren

herrlich
herrschen, du herrschst
der **Herrscher**
die **Herrscherin**, die Herrscherinnen
herüber
herum
herunter
heruntergesetzt
herunterladen, du lädst herunter, er lud herunter, sie hat heruntergeladen auch: runterladen
hervor
hervorragend
das **Herz**, die Herzen
herzlich
der **Herzschlag**, die Herzschläge
Hessen
hessisch
hetzen, du hetzt
das **Heu**
heucheln

Hindernis

die **Heuernte**, die Heuernten
heulen, du heulst
der **Heuschnupfen**
die **Heuschrecke**, die Heuschrecken
heute
die **Hexe**, die Hexen

Hi

der **Hieb**, die Hiebe
hier
hierher
die **Hieroglyphe**, die Hieroglyphen
die **Hilfe**, die Hilfen
hilfsbereit
die **Himbeere**, die Himbeeren
himbeerfarben
der **Himmel**
das **Himmelbett**, die Himmelbetten
himmelblau
die **Himmelsrichtung**, die Himmelsrichtungen
himmlisch

Hin

hin
hinab
hinauf
hinaufklettern, du kletterst hinauf
hinaus
hinausbringen, du bringst hinaus, er brachte hinaus, sie hat hinausgebracht
im **Hinblick**
hindern, du hinderst
das **Hindernis**, die Hindernisse
hindurch
hinein
hineinbeißen, du beißt hinein, sie biss hinein, er hat hineingebissen

A B C D E F G H I J K L M N O P Q R S T U V W X Y Z

hineingehen,
du gehst hinein, er ging hinein,
sie ist hineingegangen
hinken, du hinkst
hinten
hinter
hintereinander
hinterher
hinüber
hinunter
hinweg
hinzu
hip
der **Hiphop**, auch: Hip-Hop
der **Hirsch**, die Hirsche
der **Hirt**, auch: der Hirte, die Hirten
der **Hit**, die Hits
die **Hitparade**, die Hitparaden
die **Hitze**
hitzefrei

Ho

das **Hobby**, die Hobbys
der **Hobbyraum**, die Hobbyräume
der **Hobel**
hoch, höher, am höchsten
am **höchsten** – hoch
die **Hochzeit**, die Hochzeiten
hocken, du hockst
der **Hocker**
das **Hockey**
der **Hoden**
der **Hof**, die Höfe
hoffen, du hoffst
hoffentlich
die **Hoffnung**, die Hoffnungen
höflich
hohe (hohe Türme), höhere,
höchste
die **Höhe**, die Höhen
höher – hoch
hohl
die **Höhle**, die Höhlen
die **Höhlenmalerei**,
die Höhlenmalereien
der **Höhlenmensch**,
die Höhlenmenschen
der **Hokuspokus**
holen, du holst
Holland
der **Holländer**
die **Holländerin**, die Holländerinnen
holländisch
die **Hölle**
holpern, es holpert
holprig, auch: holperig
der **Holunder**
das **Holz**, die Hölzer
das **Holzhaus**, die Holzhäuser
der **Holzreifen**
die **Homepage** (sprich: houmpäitsch),
die Homepages (Seite im Internet)
der **Honig**
der **Hopfen**
hopp!
hoppeln, du hoppelst
hoppla!
hopsen, du hopst
horchen, du horchst
hören, du hörst
der **Hörer**
die **Hörerin**, die Hörerinnen
das **Hörgerät**, die Hörgeräte
der **Horizont**, die Horizonte
das **Horn**, die Hörner
das **Hörnchen**
die **Hornhaut**, die Hornhäute

die **Hornisse**, die Hornissen

der **Horror**

der **Horrorfilm**, die Horrorfilme

das **Hörspiel**, die Hörspiele

der **Hort**, die Horte

die **Hose**, die Hosen

das **Hospital**, die Hospitäler

die **Hostie**, die Hostien

der **Hotdog**, die Hotdogs

das **Hotel**, die Hotels

Hu

hübsch

der **Hubschrauber**

huch!

huckepack

der **Huf**, die Hufe

das **Hufeisen**

die **Hüfte**, die Hüften

der **Hügel**

hügelig, auch: hüglig

das **Huhn**, die Hühner

das **Hühnerei**, die Hühnereier

die **Hülle**, die Hüllen

die **Hülse**, die Hülsen

die **Hummel**, die Hummeln

der **Humor**

humorlos

humorvoll

humpeln, du humpelst

der **Humus**

der **Hund**, die Hunde

die **Hundehütte**, die Hundehütten

hundemüde

hundert

hunderttausend

der **Hunger**

hungern, du hungerst

die **Hungersnot**, die Hungersnöte

Hubschrauber

hungrig

die **Hupe**, die Hupen

hupen, du hupst

hüpfen, du hüpfst

hurra!

huschen, du huschst

husten, du hustest

der **Husten**

der **Hustensaft**, die Hustensäfte

der **Hut**, die Hüte

hüten, du hütest

die **Hütte**, die Hütten

Hy

die **Hyäne**, die Hyänen

die **Hyazinthe**, die Hyazinthen

der **Hydrant**, die Hydranten

die **Hygiene**

hygienisch

die **Hymne**

hysterisch

Ic

der **IC**, die ICs (Abkürzung für Intercity)
der **ICE** (Abkürzung für Intercityexpress), die ICEs
ich

Id

ideal
die **Idee**, die Ideen
der **Idiot**, die Idioten
das **Idol**, die Idole

Ig

der **Igel**
igitt!
der **Iglu**, auch: das Iglu, die Iglus

Ih

ihm, ihn, ihnen
ihr, ihre

Il

die **Illustrierte**, die Illustrierten

Im

im (in dem)
der **Imbiss**, die Imbisse
die **Imbissstube**, die Imbissstuben
der **Imker**
die **Imkerin**, die Imkerinnen
immer
immerhin
das **Imperfekt**
impfen, du wirst geimpft
die **Impfung**, die Impfungen
imponieren, das imponiert mir

In

in, ins
indem
der **Indianer**
die **Indianerin**, die Indianerinnen
Indien
indisch
die **Industrie**, die Industrien
ineinander
die **Infektion**, die Infektionen
der **Infinitiv**, die Infinitive
die **Information**, die Informationen
sich **informieren**, du informierst dich
der **Ingenieur** (sprich: inschenjör), die Ingenieure (technischer Beruf)
die **Ingenieurin**, (sprich: inschenjörin), die Ingenieurinnen (Beruf)
der **Inhaber**
die **Inhaberin**, die Inhaberinnen
der **Inhalt**, die Inhalte
das **Inhaltsverzeichnis**, die Inhaltsverzeichnisse
die **Inlineskates** (sprich: inleinskäits)
innen
innerhalb
das **Insekt**, die Insekten
die **Insel**, die Inseln
das **Inserat**, die Inserate
insgesamt
der **Installateur** (sprich: installatör), die Installateure (Handwerker)
die **Installateurin**, (sprich: installatörin), die Installateurinnen (Handwerkerin)
der **Instinkt**, die Instinkte
das **Instrument**, die Instrumente
intelligent
intensiv

der **Intercity**, die Intercitys
Abkürzung: IC
interessant
das **Interesse**, die Interessen
sich **interessieren**, du interessierst dich
das **Internat**, die Internate
international
das **Internet** (Computernetzwerk)
das **Interview** (sprich: interwju), die Interviews (Befragung)
inzwischen

Ip

der **i-Punkt**, die I-Punkte

Ir

der **Irak**
irakisch
der **Iran**
iranisch
der **Ire**, die Iren
irgendein, irgendeine
irgendjemand
irgendwann
irgendwas
irgendwie
irgendwo
irgendwohin
die **Irin**, die Irinnen
irisch
Irland
ironisch
irr, auch: irre
sich **irren**, du irrst dich
der **Irrgarten**, die Irrgärten
der **Irrtum**, die Irrtümer

Is

der **Islam**
islamisch
Island
isländisch
das **Islandpony**, die Islandponys
die **Isolation**, die Isolationen
isolieren, du isolierst
Israel
israelisch
er **ist** – sein (Er ist jung.)

It

Italien
der **Italiener**
die **Italienerin**, die Italienerinnen
italienisch
das **i-Tüpfelchen**

Ja

ja
die **Jacht**, die Jachten,
auch: die Yacht
der **Jachthafen**, die Jachthäfen
die **Jacke**, die Jacken
das **Jackett**, die Jacketts
die **Jagd**, die Jagden
jagen, du jagst
der **Jäger**
die **Jägerin**, die Jägerinnen
der **Jagdhund**, die Jagdhunde
der **Jaguar**, die Jaguare
jäh
das **Jahr**, die Jahre
jahrelang
die **Jahreszeit**, die Jahreszeiten
der **Jahrgang**, die Jahrgänge
das **Jahrhundert**, die Jahrhunderte
jährlich
das **Jahrtausend**, die Jahrtausende
das **Jahrzehnt**, die Jahrzehnte
der **Jähzorn**
jähzornig
die **Jalousie** (sprich: schalusi),
die Jalousien (Rollladen)
der **Jammer**
jämmerlich
jammern, du jammerst
der **Januar**
Japan
der **Japaner**
die **Japanerin**, die Japanerinnen
japanisch
japsen, du japst
jäten, du jätest
die **Jauche**
jauchzen, du jauchzt
jaulen, er jault
der **Jazz** (sprich: dschäs)
(Musikrichtung)
der **Jazztanz**

Je

je
die **Jeans** (sprich: dschiins)
die **Jeansjacke**, die Jeansjacken
das **Jeanskleid**, die Jeanskleider
jede, jeder, jedes
jedenfalls
jedoch
der **Jeep** (sprich: dschiip), die Jeeps
(Geländewagen)
jemals
jemand
jene, jener, jenes
jenseits
Jerusalem
der **Jet**, die Jets
Jesus
jetzt

Jo

der **Job** (sprich: dschob), die Jobs
jobben, du jobbst
der **Jockey** (sprich: dschokej),
die Jockeys (Berufsrennreiter)
das **Jod**
jodeln, du jodelst
der **Jodler**
die **Jodlerin**, die Jodlerinnen
das **Joga**, auch: der Joga, auch: Yoga

joggen (sprich: dschoggen), du joggst (laufen)

der **Jogginganzug**, die Jogginganzüge

der **Jogginschuh**, die Joggingschuhe

der **Joghurt**, auch: das Joghurt, auch: Jogurt, die Joghurts

die **Johannisbeere**, die Johannisbeeren

johlen, du johlst

das **Jo-Jo**, auch: das Yo-Yo, die Jo-Jos

der **Joker** (sprich: dschouker)

der **Jongleur**, die Jongleure

die **Jongleurin**, die Jongleurinnen

jonglieren (sprich: schongliiren), du jonglierst

der **Journalist**, (sprich: schurnalist), die Journalisten (Beruf)

die **Journalistin**, (sprich: schurnalistin), die Journalistinnen (Beruf)

der **Joystick**, die Joysticks

Ju

der **Jubel**

jubeln, du jubelst

das **Jubiläum**, die Jubiläen

juchzen, du juchzt

jucken, es juckt

das **Juckpulver**

der **Jude**, die Juden

das **Judentum**

die **Jüdin**, die Jüdinnen

jüdisch

das **Judo**

die **Jugend**

die **Jugendherberge**, die Jugendherbergen

jugendlich

der **Jugendliche**, die Jugendlichen

die **Jugendliche**, die Jugendlichen

das **Jugendzentrum**, die Jugendzentren

juhu!

der **Juli**

der **Jumbo**, die Jumbos (großes Flugzeug)

jung, jünger, am jüngsten

Jung und Alt

das **Junge**, die Jungen (Nachwuchs bei Tieren)

der **Junge**, die Jungen

jünger, am jüngsten – jung

der **Juni**

der **Junior**, die Junioren

der **Jupiter**

die **Jury** (sprich: schüri), die Jurys

das **Juwel**, die Juwelen

der **Juwelier**, die Juweliere

die **Juwelierin**, die Juwelierinnen

der **Jux**

Jeep

Ka

das **Kabel**
der **Kabelanschluss**, die Kabelanschlüsse
das **Kabelfernsehen**
die **Kabine**, die Kabinen
das **Kabrio**, die Kabrios, auch: das Cabrio
der **Kachelofen**, die Kachelöfen
der **Käfer**
der **Kaffee**
der **Käfig**, die Käfige
kahl
der **Kahn**, die Kähne
der **Kai**, die Kais, auch: der Quai
der **Kaiser**
das **Kajak**, die Kajaks
die **Kajüte**, die Kajüten
der **Kakao**, die Kakaos
der **Kaktus**, auch: die Kaktee, die Kakteen
das **Kalb**, die Kälber
der **Kalender**
der **Kalk**
die **Kalorie**, die Kalorien
kalt, kälter, am kältesten
das **Kamel**, die Kamele
die **Kamera**, die Kameras
der **Kamin**, die Kamine
der **Kamm**, die Kämme
sich **kämmen**, du kämmst dich
die **Kammer**, die Kammern
der **Kampf**, die Kämpfe
kämpfen, du kämpfst
der **Kanal**, die Kanäle
der **Kanarienvogel**, die Kanarienvögel
der **Kandidat**, die Kandidaten
die **Kandidatin**, die Kandidatinnen
das **Känguru**, die Kängurus
das **Kaninchen**
der **Kanister**
die **Kanne**, die Kannen
der **Kanon**, die Kanons
die **Kante**, die Kanten
die **Kantine**, die Kantinen
das **Kanu**, die Kanus
der **Kanzler**
die **Kapelle**, die Kapellen
kapieren, du kapierst
der **Kapitän**, die Kapitäne
das **Kapitel**
der **Kaplan**, die Kapläne
die **Kappe**, die Kappen
die **Kapsel**, die Kapseln
kaputt
die **Kapuze**, die Kapuzen
das **Karate**
die **Karawane**, die Karawanen
der **Karfreitag**
kariert
die **Karies**
der **Karneval**
der **Karnevalszug**, die Karnevalszüge
das **Karo**, die Karos
die **Karotte**, die Karotten
der **Karpfen**
die **Karre**, die Karren
die **Karte**, die Karten
die **Kartei**, die Karteien

der **Karteikasten**, die Karteikästen
das **Kartentelefon**, die Kartentelefone
die **Kartoffel**, die Kartoffeln
die **Kartoffelchips**
der **Karton**, die Kartons
das **Karussell**, die Karusselle, auch: die Karussells
die **Karwoche**
der **Käse**
die **Kaserne**, die Kasernen
der **Kasper**
die **Kasse**, die Kassen
die **Kassette**, die Kassetten
der **Kassettenrekorder**, auch: der Kassettenrecorder
die **Kastanie**, die Kastanien
der **Kasten**, die Kästen
der **Katalog**, die Kataloge
die **Katastrophe**, die Katastrophen
der **Kater**
der **Katholik**, die Katholiken
die **Katholikin**, die Katholikinnen
katholisch
die **Katze**, die Katzen
das **Kauderwelsch**
kauen, du kaust
kauern, du kauerst
kaufen, du kaufst
der **Käufer**
die **Käuferin**, die Käuferinnen
die **Kauffrau**, die Kauffrauen
das **Kaufhaus**, die Kaufhäuser
die **Kaufläche**, die Kauflächen
der **Kaufmann**, die Kaufleute
der **Kaugummi**, die Kaugummis
die **Kaulquappe**, die Kaulquappen
kaum
das **Käuzchen**

Ke

der **Kegel**
die **Kegelbahn**, die Kegelbahnen
kegeln, du kegelst
die **Kehle**, die Kehlen
der **Kehlkopf**, die Kehlköpfe
kehren, du kehrst
keimen, es keimt
der **Keimling**, die Keimlinge
kein, keine
keinesfalls
der **Keks**, die Kekse, auch: das Keks
der **Kelch**, die Kelche
die **Kelle**, die Kellen
der **Keller**
der **Kellner**
die **Kellnerin**, die Kellnerinnen
kennen, du kennst, sie kannte, er hat gekannt
kennen lernen, du lernst kennen
das **Kennzeichen**
kentern, du kenterst
die **Keramik**, die Keramiken
die **Kerbe**, die Kerben
der **Kerl**, die Kerle
der **Kern**, die Kerne
kerngesund
das **Kernkraftwerk**, die Kernkraftwerke
die **Kerze**, die Kerzen
der **Kessel**
der **Ketschup**, auch: das Ketschup, auch: Ketchup
die **Kette**, die Ketten
keuchen, du keuchst
die **Keule**, die Keulen
das **Keyboard** (sprich: kiiboord), die Keyboards (Musikinstrument)

Kf

das **Kfz** (Abkürzung für Kraftfahrzeug)

Kg

kg (Abkürzung für Kilogramm)

Ki

kichern, du kicherst
kicken, du kickst
der **Kiefer** (Körperteil)
die **Kiefer**, die Kiefern (Nadelbaum)
der **Kiel**, die Kiele
die **Kieme**, die Kiemen
der **Kies**, die Kiese
der **Kieselstein**, die Kieselsteine
die **Kiesgrube**, die Kiesgruben
das **Kilo**, die Kilos
das **Kilogramm**
der **Kilometer**
das **Kind**, die Kinder
der **Kindergarten**, die Kindergärten
das **Kinderturnen**
kindisch
kindlich
das **Kinn**, die Kinne
der **Kinnhaken**
das **Kino**, die Kinos
der **Kiosk**, die Kioske
kippen, du kippst
die **Kirche**, die Kirchen
die **Kirchweih**, die Kirchweihen
die **Kirmes**
die **Kirsche**, die Kirschen
das **Kissen**
die **Kiste**, die Kisten
der **Kitsch**
kitschig
das **Kitz**, die Kitze
kitzeln, du kitzelst
kitzlig, auch: kitzelig

Kl

kläffen, er kläfft
klagen, du klagst
klamm
die **Klammer**, die Klammern
klammern, du klammerst
die **Klamotten**
der **Klang**, die Klänge
die **Klappe**, die Klappen
klappen, es klappt
klappern, du klapperst
der **Klaps**, die Klapse
klar
die **Kläranlage**, die Kläranlagen
klasse
die **Klasse**, die Klassen
der **Klassensprecher**
die **Klassensprecherin**, die Klassensprecherinnen
das **Klassenzimmer**
klatschen, du klatschst
klauen, du klaust
das **Klavier**, die Klaviere
kleben, du klebst
der **Kleber**
der **Klebstoff**, die Klebstoffe
kleckern, du kleckerst
der **Klecks**, die Kleckse
der **Klee**
das **Kleeblatt**, die Kleeblätter
das **Kleid**, die Kleider
der **Kleiderbügel**
die **Kleidung**, die Kleidungen
klein
der **Kleinbauer**, die Kleinbauern
der **Kleister**
die **Klemme**, die Klemmen
der **Klempner**

Kloster

das **Klettergerüst**, die Klettergerüste
klettern, du kletterst
der **Klettverschluss**, die Klettverschlüsse
das **Klima**, die Klimata, auch: die Klimas
die **Klimaanlage**, die Klimaanlagen
der **Klimmzug**, die Klimmzüge
klimpern, du klimperst
die **Klinge**, die Klingen
die **Klingel**, die Klingeln
klingeln, du klingelst
klingen, es klingt, es klang, es hat geklungen
die **Klinik**, die Kliniken
klipp und klar
die **Klippe**, die Klippen
klirren, es klirrt
das **Klo**, die Klos

klopfen, du klopfst
der **Klops**, die Klopse
das **Klosett**, die Klosetts, auch: die Klosette
der **Kloß**, die Klöße
das **Kloster**, die Klöster
der **Klotz**, die Klötze
der **Klub**, die Klubs, auch: der Club
klug, klüger, am klügsten
der **Klumpen**

Km

km (Abkürzung für Kilometer)

Kn

knabbern, du knabberst
der **Knabe**, die Knaben
das **Knäckebrot**
der **Knacks**, die Knackse
der **Knall**, die Knalle
knallen, es knallt
knapp
knarren, es knarrt
knattern, es knattert
der **Knäuel**, auch: das Knäuel
knausrig, auch: knauserig
kneifen, du kneifst, er kniff, sie hat gekniffen
die **Kneipe**, die Kneipen
die **Knete**
kneten, du knetest
das **Knetgummi**, auch: der Knetgummi, die Knetgummis
knicken, du knickst
das **Knie**
knien, du kniest
knifflig
knipsen, du knipst
der **Knirps**, die Knirpse

knirschen, du knirschst
knistern, es knistert
knittern, es knittert
knobeln, du knobelst
der **Knoblauch**
der **Knochen**
der **Knöchel**
knochig
der **Knödel**
die **Knolle**, die Knollen
der **Knopf**, die Knöpfe
der **Knorpel**
die **Knospe**, die Knospen
der **Knoten**
knuddeln, du knuddelst
knüllen, du knüllst
knüpfen, du knüpfst
der **Knüppel**
knurren, du knurrst
knuspern, du knusperst
knusprig, auch: knusperig
knutschen, du knutschst

Ko

k. o. (Abkürzung für knock-out)
der **Koalabär**, die Koalabären
der **Kobold**, die Kobolde
die **Kobra**, die Kobras
der **Koch**, die Köche
kochen, du kochst
die **Köchin**, die Köchinnen
der **Kode**, die Kodes
der **Köder**
der **Koffer**
der **Kohl**, die Kohle
die **Kohle**, die Kohlen
kohlrabenschwarz
der **Kohlrabi**, die Kohlrabis
die **Koje**, die Kojen
die **Kokosnuss**, die Kokosnüsse
der **Kollege**, die Kollegen
die **Kollegin**, die Kolleginnen
die **Kollektion**, die Kollektionen
der **Kombi**, die Kombis
kombinieren, du kombinierst
der **Komet**, die Kometen
der **Komfort** (sprich: komfor) (Bequemlichkeiten)
komfortabel
komisch
das **Komma**, die Kommas, auch: die Kommata
kommen, du kommst, er kam, sie ist gekommen
der **Kommentar**, die Kommentare
der **Kommissar**, die Kommissare
die **Kommissarin**, die Kommissarinnen
die **Kommode**, die Kommoden
die **Kommunion**
das **Kommunionskind**, die Kommunionskinder
der **Kompass**, die Kompasse
komplett
das **Kompliment**, die Komplimente
kompliziert
der **Kompost**
der **Komposthaufen**
das **Kompott**, die Kompotte
der **Kompromiss**, die Kompromisse
die **Kondensmilch**
die **Kondition**, die Konditionen
der **Konditor**, die Konditoren
die **Konditorei**, die Konditoreien
die **Konditorin**, die Konditorinnen
das **Kondom**, auch: der Kondom, die Kondome

die **Konferenz**, die Konferenzen
das **Konfetti**
der **Konfirmand**, die Konfirmanden
die **Konfirmandin**, die Konfirmandinnen
die **Konfirmation**
konfirmieren, du wirst konfirmiert
die **Konfitüre**, die Konfitüren
der **Konflikt**, die Konflikte
der **König**, die Könige
die **Königin**, die Königinnen
konkret
können, du kannst, er konnte, sie hat gekonnt
der **Konrektor**, die Konrektoren
die **Konrektorin**, die Konrektorinnen
die **Konserve**, die Konserven
der **Konservierungsstoff**, die Konservierungsstoffe
der **Konsonant**, die Konsonanten
konstruieren, du konstruierst
der **Konsum**
der **Kontakt**, die Kontakte
der **Kontinent**, die Kontinente
das **Konto**, die Konten, auch: die Kontos oder Konti
die **Kontonummer**, die Kontonummern
kontra
die **Kontrolle**, die Kontrollen
der **Kontrolleur**, die Kontrolleure
die **Kontrolleurin**, die Kontrolleurinnen
kontrollieren, du kontrollierst
die **Konzentration**
sich **konzentrieren**, du konzentrierst dich
das **Konzert**, die Konzerte

der **Kopf**, die Köpfe
der **Kopfhörer**
das **Kopfkissen**
kopflos
das **Kopfrechnen**
der **Kopfschmerz**, die Kopfschmerzen
die **Kopfstütze**, die Kopfstützen
die **Kopie**, die Kopien
kopieren, du kopierst
das **Kopiergerät**, die Kopiergeräte
die **Koppel**, die Koppeln
der **Koran**
der **Korb**, die Körbe
die **Kordel**, die Kordeln
die **Kordhose**, auch: die Cordhose
der **Kork**, auch: der Korken, die Korken
der **Korkenzieher**
das **Korn**, die Körner
der **Körper**
korrekt
die **Korrektur**, die Korrekturen
korrigieren, du korrigierst
die **Kosmetikerin**, die Kosmetikerinnen
der **Kosmonaut**, die Kosmonauten
die **Kosmonautin**, die Kosmonautinnen
kostbar
kosten, du kostest (probieren)
kosten, es kostet (Geld kosten)
köstlich
das **Kostüm**, die Kostüme
der **Kot**
das **Kotelett**, die Koteletts
der **Köter**
der **Kotflügel**
kotzen, du kotzt

Kr

krabbeln, du krabbelst
der **Krach**, die Kräche
krachen, es kracht
krächzen, du krächzt
die **Kraft**, die Kräfte
das **Kraftfahrzeug**, die Kraftfahrzeuge
kräftig
kraftlos
das **Kraftwerk**, die Kraftwerke
der **Kragen**, die Kragen, auch: die Krägen
die **Krähe**, die Krähen
krähen, du krähst
der **Krake**, die Kraken
die **Kralle**, die Krallen
der **Kram**
kramen, du kramst
der **Krampf**, die Krämpfe
der **Kran**, die Kräne
der **Kranführer**
der **Kranich**, die Kraniche
krank
kränken, du kränkst
das **Krankenhaus**, die Krankenhäuser
der **Krankenpfleger**
die **Krankenschwester**, die Krankenschwestern
der **Krankenwagen**
die **Krankheit**, die Krankheiten
der **Kranz**, die Kränze
der **Krapfen**
der **Krater**
kratzen, du kratzt
kraulen, du kraulst
kraus
das **Kraut**, die Kräuter
der **Kräutertee**, die Kräutertees
die **Krawatte**, die Krawatten
kraxeln, du kraxelst
kreativ
der **Krebs**, die Krebse
die **Kreide**, die Kreiden
kreidebleich
der **Kreis**, die Kreise
kreischen, du kreischst
der **Kreisel**
kreisen, du kreist
die **Kreissäge**, die Kreissägen
die **Kreisstadt**, die Kreisstädte
die **Krem**, die Krems, auch: die Kreme oder Creme
das **Krepppapier**, Krepppapiere
das **Kreuz**, die Kreuze
die **Kreuzung**, die Kreuzungen
das **Kreuzworträtsel**
kribbeln, es kribbelt
kriechen, du kriechst, er kroch, sie ist gekrochen
der **Krieg**, die Kriege
kriegen, du kriegst
der **Krimi**, die Krimis
die **Kriminalpolizei**
kriminell
der **Kringel**
die **Krippe**, die Krippen
das **Krippenspiel**, die Krippenspiele
kritisch
kritzeln, du kritzelst
das **Krokodil**, die Krokodile
der **Krokus**, die Krokusse
die **Krone**, die Kronen
die **Kröte**, die Kröten
die **Krücke**, die Krücken
der **Krug**, die Krüge
der **Krümel**

krumm
die **Kruste**, die Krusten
das **Kruzifix**, die Kruzifixe

Ku

der **Kübel**
die **Küche**, die Küchen
der **Kuchen**
der **Küchenherd**, die Küchenherde
der **Kuckuck**, die Kuckucke
die **Kufe,** die Kufen
die **Kugel**, die Kugeln
kugelrund
der **Kugelschreiber**
die **Kuh**, die Kühe
kühl
der **Kühlschrank**, die Kühlschränke
kühn
das **Küken**
der **Kuli**, die Kulis
die **Kulisse**, die Kulissen
kullern, es kullert
der **Kümmel**
sich **kümmern**, du kümmerst dich
der **Kumpel**
der **Kunde**, die Kunden
kündigen, du kündigst
die **Kündigung**, die Kündigungen
die **Kundin**, die Kundinnen
künftig
die **Kunst**, die Künste
der **Künstler**
die **Künstlerin**, die Künstlerinnen
das **Kunststück**, die Kunststücke
kunterbunt
die **Kuppel**, die Kuppeln
die **Kur**, die Kuren
die **Kurbel**, die Kurbeln
der **Kürbis**, die Kürbisse

Krake

kurios
der **Kurs**, die Kurse
die **Kurve**, die Kurven
kurvenreich
kurz, kürzer, am kürzesten
kurzärmlig, auch: kurzärmelig
kurzfristig
kurzsichtig
kuscheln, du kuschelst
kuschlig, auch: kuschelig
die **Kusine**, die Kusinen, auch: die Cousine
der **Kuss**, die Küsse
küssen, du küsst
die **Küste**, die Küsten
die **Kutsche**, die Kutschen
der **Kutter**
das **Kuvert** (sprich: kuwär), die Kuverts (Briefumschlag)

L

l (Abkürzung für Liter)

La

das **Labor**, die Labors, auch: die Labore
das **Labyrinth**, die Labyrinthe
lächeln, du lächelst
lachen, du lachst
lächerlich
der **Lachs**, die Lachse
der **Lack**, die Lacke
lackieren, du lackierst
laden, du lädst, er lud, sie hat geladen
der **Laden**, die Läden
das **Lager**
lahm
der **Laib**, die Laibe (ein Laib Brot)
der **Laich** (Froschlaich), die Laiche
das **Laken**
der **Lakritz**, auch: das Lakritz, die Lakritze
lallen, du lallst
das **Lama**, die Lamas
das **Lametta**
das **Lamm**, die Lämmer
die **Lampe**, die Lampen
der **Lampion**, die Lampions
das **Land**, die Länder
die **Landkarte**, die Landkarten
die **Landwirtschaft**
lang, länger, am längsten
langärmlig, auch: langärmelig
langsam
langweilig
die **Lanze**, die Lanzen
der **Lappen**
läppisch
der **Laptop** (sprich: läptop), die Laptops (kleiner tragbarer Computer)
die **Lärche**, die Lärchen (Lärchenzapfen)
der **Lärm**
lärmen, du lärmst
der **Lärmschutz**
die **Larve**, die Larven
die **Lasche**, die Laschen
lassen, du lässt, sie ließ, er hat gelassen
lässig
das **Lasso**, die Lassos
die **Last**, die Lasten
der **Laster**
lästern, du lästerst
lästig
der **Lastkraftwagen**, auch: der Lastwagen
Latein
die **Laterne**, die Laternen
latschen, du latschst
die **Latte**, die Latten
der **Latz**, die Lätze, das Lätzchen
lau
das **Laub**
der **Laubbaum**, die Laubbäume
lauern, du lauerst
der **Lauf**, die Läufe
laufen, du läufst, er lief, sie ist gelaufen

der **Läufer**
die **Läuferin**, die Läuferinnen
das **Laufgitter**
das **Laufwerk**, die Laufwerke
(im Computer)
die **Laune**, die Launen
launisch
die **Laus**, die Läuse
der **Lausbub**, die Lausbuben
lauschen, du lauschst
laut
der **Laut**, die Laute
läuten, es läutet
der **Lautsprecher**
die **Lawine**, die Lawinen

Le

leben, du lebst
das **Leben**
lebendig
lebensgefährlich
die **Lebensmittel**
die **Leber**, die Lebern
der **Leberkäse**
das **Lebewesen**
lebhaft
der **Lebkuchen**
lecken, du leckst
lecker
der **Leckerbissen**
das **Leder**
die **Lederhose**
ledig
lediglich
leer
leeren, du leerst
(den Mülleimer leeren)
legen, du legst
die **Legende**, die Legenden

der **Lehm**
die **Lehne**, die Lehnen
lehren, du lehrst
(ein Sprache lehren)
der **Lehrer**
die **Lehrerin**, die Lehrerinnen
das **Lehrerzimmer**
der **Leib**, die Leiber
die **Leiche**, die Leichen
leichenblass
der **Leichnam**, die Leichname
leicht
die **Leichtathletik**
leichtsinnig
das **Leid**
leiden, du leidest, er litt,
sie hat gelitten
leider
der **Leierkasten**, die Leierkästen
leiern, du leierst
leihen, du leihst, sie lieh,
er hat geliehen
der **Leim**, die Leime
leimen, du leimst
die **Leine**, die Leinen
die **Leinwand**, die Leinwände
leise
die **Leiste**, die Leisten
leisten, du leistest
die **Leistung**, die Leistungen
leiten, du leitest
die **Leiter**, die Leitern
die **Leitung**, die Leitungen
die **Lektion**, die Lektionen
die **Lektüre**, die Lektüren
lenken, du lenkst
der **Leopard**, die Leoparden
die **Lerche**, die Lerchen (ein Vogel)

lernen, du lernst
lesbar
lesen, du liest, sie las, er hat gelesen
leserlich
letzte, letzter, letztes
die **Leuchte**, die Leuchten
leuchten, es leuchtet
die **Leuchtröhre**, die Leuchtröhren
leugnen, du leugnest
die **Leute**
das **Lexikon**, die Lexika, auch: die Lexiken

Li

die **Libelle**, die Libellen
das **Licht**, die Lichter
die **Lichtung**, die Lichtungen
das **Lid**, die Lider (das Augenlid)
lieb
die **Liebe**
lieben, du liebst
lieblich
der **Liebling**, die Lieblinge
das **Lied**, die Lieder
liefern, du lieferst
der **Lieferwagen**
die **Liege**, die Liegen
liegen, du liegst, er lag, sie hat gelegen
die **Liegestütze**, die Liegestützen
der **Lift**, die Lifte, auch: die Lifts
lila
die **Limo**, die Limos
die **Limonade**, die Limonaden
die **Linde**, die Linden
lindern, du linderst
das **Lineal**, die Lineale
die **Linie**, die Linien
liniert
links
der **Linkshänder**
die **Linkshänderin**, die Linkshänderinnen
die **Linse**, die Linsen

Litfaßsäule

die **Lippe**, die Lippen
lispeln, du lispelst
die **Liste**, die Listen
listig
der **Liter**, auch: das Liter
die **Literatur**
die **Litfaßsäule**, die Litfaßsäulen
live (sprich: laif) (direkt)
die **Livesendung** (sprich: laifsendung), die Livesendungen

Lk

der **Lkw** (Abkürzung für Lastkraftwagen), die Lkws, auch: der LKW, die LKWs

Lo

das **Lob**, die Lobe
loben, du lobst
das **Loch**, die Löcher
lochen, du lochst
löchrig, auch: löcherig
die **Locke**, die Locken
locken, du lockst
locker
lockig
lodern, es lodert
der **Löffel**
logisch
der **Lohn**, die Löhne
sich **lohnen**, es lohnt sich
die **Loipe**, die Loipen
die **Lok**, die Loks
das **Lokal**, die Lokale
die **Lokomotive**, die Lokomotiven
der **Lolli**, die Lollis
die **Longe**, (sprich: longsche) die Longen (Laufleine fürs Pferd)
los
das **Los**, die Lose
das **Löschblatt**, die Löschblätter
löschen, du löschst
das **Löschfahrzeug**, die Löschfahrzeuge
losen, du lost
lösen, du löst
losfahren, du fährst los, sie fuhr los, er ist losgefahren
losgehen, du gehst los, er ging los, sie ist losgegangen
loslassen, du lässt los, sie ließ los, er hat losgelassen
die **Lösung**, die Lösungen
löten, du lötest
der **Lotse**, die Lotsen
die **Lotterie**, die Lotterien
das **Lotto**
der **Löwe**, die Löwen
der **Löwenzahn**

Lu

der **Luchs**, die Luchse
die **Lücke**, die Lücken
lückenlos
die **Luft**, die Lüfte
der **Luftballon**, die Luftballons, auch: die Luftballone
luftdicht
der **Luftdruck**
luftig
die **Lüftung**, die Lüftungen
die **Luftverschmutzung**, die Luftverschmutzungen
die **Lüge**, die Lügen
lügen, du lügst
der **Lügner**
die **Lügnerin**, die Lügnerinnen
die **Luke**, die Luken
der **Lümmel**
sich **lümmeln**, du lümmelst dich
der **Lumpen**
die **Lunge**, die Lungen
die **Lungenentzündung**, die Lungenentzündungen
die **Lupe**, die Lupen
der **Lurch**, die Lurche
die **Lust**
lustig
lutschen, du lutschst
der **Lutscher**
Luxemburg
luxemburgisch
der **Luxus**

M

m (Abkürzung für Meter)

Ma

machen, du machst
mächtig
das **Mädchen**
die **Made**, die Maden
madig
die **Madonna**, die Madonnen
der **Magen**, die Magen, auch: die Mägen
mager
der **Magier**
der **Magnet**, die Magneten, auch: die Magnete
magnetisch
der **Mähdrescher**
mähen, du mähst
mahlen, du mahlst (Mehl mahlen)
die **Mahlzeit**, die Mahlzeiten
die **Mähne**, die Mähnen
mahnen, du mahnst
die **Mahnung**, die Mahnungen
der **Mai**
die **Mailbox** (sprich: mäilbox), die Mailboxen (Briefkasten)
mailen (sprich: mäilen), du mailst (Post mit dem Computer verschicken)
der **Main**
der **Mais**
der **Maiskolben**
die **Majonäse**, auch: die Mayonnaise, die Majonäsen
das **Make-up** (sprich: mäikapp), die Make-ups (Schminke)
die **Makkaroni**
mal
das **Mal**, die Male (ein Muttermal)
malen, du malst (ein Bild malen)
der **Maler**
das **Malzbier**, die Malzbiere
die **Mama**, die Mamas, auch: die Mami, die Mamis
das **Mammut**, die Mammuts
man
manch, manche, **mancher**, manches
manchmal
die **Mandarine**, die Mandarinen
die **Manege** (sprich: maneesche), die Manegen
mangelhaft
der **Mann**, die Männer
männlich
die **Mannschaft**, die Mannschaften
manschen, du manschst
der **Mantel**, die Mäntel
das **Mäppchen**
die **Mappe**, die Mappen
der **Marathon**, die Marathons
das **Märchen**
märchenhaft
die **Margarine**
die **Margerite**, die Margeriten
der **Marienkäfer**
die **Marionette**, die Marionetten
die **Mark**
die **Marke**, die Marken
markieren, du markierst

die **Markise**, die Markisen
der **Markt**, die Märkte
der **Marktplatz**, die Marktplätze
die **Marmelade**, die Marmeladen
das **Marmeladenbrot**, die Marmeladenbrote
das **Marmeladenglas**, die Marmeladengläser
der **Marmor**
der **Marmorkuchen**
der **Mars**
der **Marsch**, die Märsche
marschieren, du marschierst
der **Marterpfahl**, die Marterpfähle
das **Martinshorn**, die Martinshörner
der **März**
das **Marzipan**
die **Masche**, die Maschen
der **Maschendraht**, die Maschendrähte
die **Maschine**, die Maschinen
die **Masern**
die **Maske**, die Masken
der **Maskenbildner**
die **Maskenbildnerin**, die Maskenbildnerinnen
sich **maskieren**, du maskierst dich
das **Maskottchen**
das **Maß**, die Maße
die **Massage** (sprich: masaasche), die Massagen
die **Masse**, die Massen
massenweise
massieren, du massierst
mäßig
massiv
der **Maßstab**, die Maßstäbe
mästen, du mästest

der **Mast**, die Masten, auch: die Maste
das **Match** (sprich: mätsch), die Matches, auch: die Matche (Wettkampf)
das **Material**, die Materialien
die **Mathematik**
die **Matratze**, die Matratzen
der **Matrose**, die Matrosen
matschig
matt
die **Matte**, die Matten
die **Mauer**, die Mauern
das **Maul**, die Mäuler
maulen, du maulst
der **Maulwurf**, die Maulwürfe
der **Maurer**
die **Maus**, die Mäuse
die **Mayonnaise**, auch: die Majonäse, die Mayonnaisen

Me

der **Mechaniker**
die **Mechanikerin**, die Mechanikerinnen
meckern, du meckerst
Mecklenburg-Vorpommern
die **Medaille** (sprich: medallje), die Medaillen
das **Medikament**, die Medikamente
die **Medizin**
das **Meer**, die Meere
der **Meerrettich**
das **Meerschweinchen**
das **Meerwasser**
das **Mehl**
mehr – viel
mehrere
das **Mehrkornbrot**, die Mehrkornbrote
mehrmals

die **Mehrzahl**
mein, meine
meinen, du meinst
die **Meinung**, die Meinungen
die **Meise**, die Meisen
der **Meißel**
am **meisten** – viel
meistens
der **Meister**
die **Meisterin**, die Meisterinnen
die **Meisterschaft**, die Meisterschaften
sich **melden**, du meldest dich
die **Meldung**, die Meldungen
melken, du melkst
die **Melkmaschine**, die Melkmaschinen
die **Melodie**, die Melodien
die **Melone**, die Melonen
das **Memory**, die Memorys
die **Menge**, die Mengen
der **Mensch**, die Menschen
die **Menschlichkeit**
die **Menstruation**
das **Menü**, die Menüs
merken, du merkst
der **Merksatz**, die Merksätze
der **Merkur**
merkwürdig
die **Messe**, die Messen
messen, du misst, er maß, sie hat gemessen
das **Messer**
das **Messgerät**
das **Messing**
das **Metall**, die Metalle
metallisch
die **Metallverarbeitung**
der **Meteorit**, die Meteoriten
der **Meteorologe**, die Meteorologen
die **Meteorologin**, die Meteorologinnen
der **Meter**, auch: das Meter
meterlang
das **Metermaß**, die Metermaße
die **Methode**, die Methoden
die **Mettwurst**, die Mettwürste
der **Metzger**
die **Metzgerei**, die Metzgereien
meutern, du meuterst

Mi

miauen, du miaust
mich
mickrig, auch: mickerig
die **Mickymaus**, die Mickymäuse
die **Miene**, die Mienen (eine fröhliche Miene)
mies
die **Miete**, die Mieten
mieten, du mietest
der **Mieter**
die **Mieterin**, die Mieterinnen
das **Mikado**, die Mikados
das **Mikrofon**, die Mikrofone, auch: das Mikrophon, die Mikrophone
das **Mikroskop**, die Mikroskope
die **Mikrowelle**, die Mikrowellen
die **Milch**
die **Milchflasche**, die Milchflaschen
der **Milchzahn**, die Milchzähne
mild, auch: milde
die **Milliarde**, die Milliarden
der **Millimeter**
die **Million**, die Millionen
der **Millionär**, die Millionäre

die **Minderheit**, die Minderheiten

mindestens

das **Mineralwasser**

mini

das **Minigolf**

der **Minister**

die **Ministerin**, die Ministerinnen

der **Ministrant**, die Ministranten

die **Ministrantin**, die Ministrantinnen

minus

das **Minuszeichen**

die **Minute**, die Minuten

mir

die **Mirabelle**, die Mirabellen

mischen, du mischst

der **Mischmasch**

die **Mischung**, die Mischungen

miserabel

der **Missbrauch**, die Missbräuche

der **Misserfolg**, die Misserfolge

das **Missgeschick**, die Missgeschicke

die **Mission**, die Missionen

das **Misstrauen**

misstrauisch

das **Missverständnis**, die Missverständnisse

der **Mist**

mit

die **Mitarbeit**

mitarbeiten, du arbeitest mit

mitbringen, du bringst mit, er brachte mit, sie hat mitgebracht

der **Mitbürger**

die **Mitbürgerin**, die Mitbürgerinnen

miteinander

mitgehen, du gehst mit, sie ging mit, er ist mitgegangen

das **Mitglied**, die Mitglieder

mithilfe, auch: mit Hilfe

der **Mitlaut**, die Mitlaute

das **Mitleid**

mitmachen, du machst mit

mitnehmen, du nimmst mit, er nahm mit, sie hat mitgenommen

der **Mitschüler**

die **Mitschülerin**, die Mitschülerinnen

der **Mittag**, die Mittage, eines Mittags, heute Mittag

das **Mittagessen**

mittags

die **Mitte**, die Mitten

mitteilen, du teilst mit

das **Mittelalter**

das **Mittelmeer**

mitten

die **Mitternacht**, die Mitternächte

der **Mittwoch**, die Mittwoche

mittwochs

mixen, du mixt

der **Mixer**

Mm

mm (Abkürzung für Millimeter)

Mo

das **Möbel**
die **Mode**, die Moden
das **Model**, die Models (auf dem Laufsteg)
das **Modell**, die Modelle
das **Modem**, die Modems
der **Moderator**, die Moderatoren
die **Moderatorin**, die Moderatorinnen
modern
modisch
das **Mofa**, die Mofas
mogeln, du mogelst
mögen, du magst, er mochte, sie hat gemocht, ich möchte
möglich
die **Möglichkeit**, die Möglichkeiten
der **Mohn**
die **Möhre**, die Möhren
der **Mohrenkopf**, die Mohrenköpfe
die **Mohrrübe**, die Mohrrüben
der **Molch**, die Molche
die **Molkerei**, die Molkereien
mollig
der **Moment**, die Momente
momentan
der **Monat**, die Monate
monatelang
monatlich
die **Monatskarte**
der **Mönch**, die Mönche
der **Mond**, die Monde
der **Mondschein**
der **Monitor**, die Monitore
das **Monster**
der **Montag**, die Montage
die **Montage** (sprich: montaasche), die Montagen
montags
der **Monteur** (sprich: montör), die Monteure (Facharbeiter)
die **Monteurin**, die Monteurinnen
montieren, du montierst
das **Moor**, die Moore
das **Moos**, die Moose
das **Moped**, die Mopeds
der **Mops**, die Möpse
die **Moral**
moralisch
der **Morast**
der **Mord**, die Morde
der **Mörder**
die **Mörderin**, die Mörderinnen
morgen
der **Morgen**, eines Morgens, heute Morgen
morgens
morsch
morsen, du morst
der **Mörtel**
das **Mosaik**, die Mosaike, auch: die Mosaiken
die **Moschee**, die Moscheen
die **Mosel**
der **Moslem**, die Moslems
die **Moslime**, die Moslimen
der **Most**
das **Motiv**, die Motive
der **Motor**, die Motoren
das **Motorboot**, die Motorboote
das **Motorrad**, die Motorräder
die **Motte**, die Motten
das **Motto**, die Mottos
motzen, du motzt

das **Mountainbike** (sprich: mauntenbeik), die Mountainbikes
die **Möwe**, die Möwen

Mu

die **Mücke**, die Mücken
der **Mückenstich**, die Mückenstiche
mucksmäuschenstill
müde
muffig
die **Müdigkeit**
die **Mühe**, die Mühen
mühelos
die **Mühle**, die Mühlen
mühsam
die **Mulde**, die Mulden
der **Müll**
die **Müllabfuhr**
der **Müllberg**, die Müllberge
die **Mullbinde**, die Mullbinden
der **Müllcontainer**
die **Mülldeponie**, die Mülldeponien
der **Mülleimer**
der **Müllmann**, die Müllmänner
die **Mülltonne**, die Mülltonnen
die **Mülltrennung**
mulmig
die **Multiplikation**, die Multiplikationen
multiplizieren, du multiplizierst
die **Mumie**, die Mumien
mümmeln, du mümmelst
der **Mumps**
der **Mund**, die Münder
die **Mundharmonika**, die Mundharmonikas
die **Mündung**, die Mündungen
munkeln, du munkelst
munter
die **Münze**, die Münzen
der **Münzfernsprecher**
mürbe
die **Murmel**, die Murmeln
murmeln, du murmelst
das **Murmeltier**, die Murmeltiere
murren, du murrst
mürrisch
das **Mus**, die Muse
die **Muschel**, die Muscheln
das **Museum**, die Museen
das **Musical** (sprich: mjusikel), die Musicals
die **Musik**
musikalisch
der **Musikant**, die Musikanten
die **Musikantin**, die Musikantinnen
der **Musiker**
die **Musikerin**, die Musikerinnen
Musik hören, du hörst Musik
musizieren, du musizierst
der **Muskel**, die Muskeln
das **Müsli**, die Müslis
müssen, du musst
das **Muster**
der **Mut**
mutig
mutlos
die **Mutprobe**, die Mutproben
die **Mutter**, die Mütter (meine Mutter)
die **Mutter**, die Muttern (Mutter und Schraube)
mütterlich
das **Muttermal**, die Muttermale
die **Muttersprache**, die Muttersprachen
die **Mütze**, die Mützen

Na

der **Nabel**
nach
der **Nachbar**, die Nachbarn
die **Nachbarin**, die Nachbarinnen
die **Nachbarschaft**
nachdem
nachdenken, du denkst nach,
sie dachte nach,
er hat nachgedacht
nacheinander
die **Nacherzählung**,
die Nacherzählungen
der **Nachfolger**
die **Nachfolgerin**,
die Nachfolgerinnen
nachgucken, du guckst nach
nach Hause
nachher
die **Nachhilfe**
der **Nachkomme**, die Nachkommen
nachlässig
nachmachen, du machst nach
der **Nachmittag**, die Nachmittage
nachmittags
der **Nachname**, die Nachnamen
die **Nachricht**, die Nachrichten
die **Nachrichtensendung**,
die Nachrichtensendungen
nachschlagen, du schlägst nach,
sie schlug nach,
er hat nachgeschlagen
die **Nachsilbe**, die Nachsilben
nachsitzen, du sitzt nach,
er saß nach, sie hat nachgesessen
die **Nachspeise**, die Nachspeisen
als **Nächste**
der **Nächste**, die Nächsten
die **Nächste**, die Nächsten
nächste, nächster, nächstes
am **nächsten** – nah
nächstens
als **Nächster**
die **Nacht**, die Nächte
der **Nachteil**, die Nachteile
das **Nachthemd**, die Nachthemden
die **Nachtigall**, die Nachtigallen
der **Nachtisch**, die Nachtische
nachträglich
nachts
die **Nachtwanderung**,
die Nachtwanderungen
der **Nachwuchs**
nachzählen, du zählst nach
der **Nacken**
nackt
die **Nadel**, die Nadeln
der **Nadelbaum**, die Nadelbäume
das **Nadelöhr**, die Nadelöhre
der **Nagel**, die Nägel
der **Nagellack**
nageln, du nagelst
nagelneu
nagen, du nagst
das **Nagetier**, die Nagetiere
nah, auch: nahe,
näher, am nächsten
die **Nähe**
nähen, du nähst
näher – nah

die **Nähmaschine**, die Nähmaschinen
die **Nahrung**, die Nahrungen
das **Nahrungsmittel**
die **Naht**, die Nähte
das **Nähzeug**
naiv
na ja!
der **Name**, die Namen
der **Namenstag**, die Namenstage
das **Namenwort**, die Namenwörter
nämlich
der **Napf**, die Näpfe
die **Narbe**, die Narben
die **Narkose**, die Narkosen
der **Narr**, die Narren
die **Närrin**, die Närrinnen
närrisch
die **Narzisse**, die Narzissen
naschen, du naschst
die **Nase**, die Nasen
das **Nasenbluten**
das **Nashorn**, die Nashörner
nass, nasser, am nassesten, auch: nässer, am nässesten
die **Nation**, die Nationen
die **Natter**, die Nattern
die **Natur**, die Naturen
natürlich
der **Naturschutz**
das **Naturschutzgebiet**, die Naturschutzgebiete

Ne

der **Neandertaler**
der **Nebel**
neben
nebenan
nebeneinander
nebenher
neblig, auch: nebelig
necken, du neckst
der **Neffe**, die Neffen
negativ
der **Negerkuss**, die Negerküsse
nehmen, du nimmst, sie nahm, er hat genommen
der **Neid**
neidisch
sich **neigen**, es neigt sich
nein
der **Nektar**, die Nektare
die **Nektarine**, die Nektarinen
die **Nelke**, die Nelken
nennen, du nennst, er nannte, sie hat genannt
der **Nerv**, die Nerven
nerven, du nervst
nervig
nervös
das **Nest**, die Nester

Nest

nett
das **Netz**, die Netze
das **Netzwerk**, die Netzwerke
neu
neuerdings
die **Neugier**
neugierig
die **Neuigkeit**, die Neuigkeiten
Neujahr
neulich
neun, neunmal
neunzehn
neunzig
der **Neuschnee**
neutral

Ni

nicht
die **Nichte**, die Nichten
der **Nichtraucher**
die **Nichtraucherin**, die Nichtraucherinnen
nichts
nicken, du nickst
das **Nickerchen**
nie
nieder
die **Niederlage**, die Niederlagen
die **Niederlande**
der **Niederländer**
die **Niederländerin**, die Niederländerinnen
niederländisch
der **Niederschlag**, die Niederschläge
niedlich
niedrig
niemals
niemand
die **Niere**, die Nieren
nieseln, es nieselt
niesen, du niest
das **Niespulver**
die **Niete**, die Nieten
der **Nikolaus**
der **Nikolaustag**
das **Nikotin**
der **Nil** (Fluss in Ägypten)
das **Nilpferd**, die Nilpferde
nippen, du nippst
nirgends
nirgendwo
die **Nische**, die Nischen
nisten, er nistet
der **Nistkasten**, die Nistkästen
die **Nixe**, die Nixen

No

nobel
noch
noch mal
das **Nomen**, die Nomen, auch: die Nomina
der **Nominativ**
die **Nonne**, die Nonnen
das **Nonnenkloster**
nonstop
der **Norden**
nördlich
der **Nordpol**
Nordrhein-Westfalen
die **Nordsee**
die **Nordseeinsel**, die Nordseeinseln
die **Nörgelei**, die Nörgeleien
nörgeln, du nörgelst
normal
Norwegen
der **Norweger**
die **Norwegerin**, die Norwegerinnen

Nixe

norwegisch
die **Not**, die Nöte
der **Notarzt**, die Notärzte
die **Notärztin**, die Notärztinnen
der **Notarztwagen**
die **Notbremse**, die Notbremsen
die **Note**, die Noten
das **Notebook** (sprich: noutbuk), die Notebooks (tragbarer Computer)
das **Notenheft**, die Notenhefte
der **Notenschlüssel**
der **Notenständer**
der **Notfall**, die Notfälle
notieren, du notierst
nötig
der **Notizblock**, die Notizblöcke
die **Notlage**, die Notlagen
die **Notlösung**, die Notlösungen
die **Notlüge**, die Notlügen
der **Notruf**
die **Notwehr**
notwendig
das **Nougat**, auch: der Nougat, auch: das Nougat
der **November**

Nu

im Nu
nüchtern
der **Nuckel**
nuckeln, du nuckelst
die **Nudel**, die Nudeln
das **Nudelholz**, die Nudelhölzer
der **Nudelsalat**, die Nudelsalate
der **Nudelteig**
das **Nugat**, auch: der Nugat, auch: das Nougat
null
die **Null**, die Nullen
die **Nummer**, die Nummern
nummerieren, du nummerierst
das **Nummernschild**, die Nummernschilder
nun
nur
nuscheln, du nuschelst
die **Nuss**, die Nüsse
der **Nussbaum**, die Nussbäume
der **Nussknacker**
der **Nusskuchen**
die **Nussschale**, die Nussschalen
die **Nüster**, die Nüstern
der **Nutzen**
nutzen, du nutzt
nützen, du nützt
das **Nutztier**, die Nutztiere
nützlich
nutzlos

A B C D E F G H I J K L M N O P Q R S T U V W X Y Z

Oa

die **Oase**, die Oasen

Ob

ob
obdachlos
der **Obdachlose**, die Obdachlosen
die **Obdachlose**, die Obdachlosen
die **O-Beine**
oben
der **Ober**
der **Oberarm**, die Oberarme
die **Oberfläche**, die Oberflächen
oberflächlich
oberhalb
das **Oberhaupt**, die Oberhäupter
der **Oberkiefer**
der **Oberkörper**
der **Oberschenkel**
das **Oberteil**, die Oberteile
die **Obhut**
das **Objekt**, die Objekte
objektiv
die **Oblate**, die Oblaten
die **Oboe**, die Oboen (Musikinstrument)
das **Obst**
der **Obstbaum**, die Obstbäume
die **Obstkonserven**
der **Obstsaft**, die Obstsäfte
der **Obstsalat**, die Obstsalate
die **Obstsorte**, die Obstsorten
obwohl

Oc

der **Ochse**, die Ochsen
ocker

Od

öd, auch: öde
oder
die **Oder**

Of

der **Ofen**, die Öfen
offen
öffentlich
die **Öffentlichkeit**
offiziell
öffnen, du öffnest
die **Öffnung**, die Öffnungen
oft, öfter, am öftesten

Oh

oh!
ohne
ohnmächtig
das **Ohr**, die Ohren

Oj

oje!

Ok

die **Ökologie**
ökologisch
o. k. (Abkürzung für okay)
okay
der **Oktober**

Ol

das **Öl**, die Öle
der **Oldtimer** (altes Auto)
ölen, du ölst
ölig
die **Olive**, die Oliven
der **Öltank**, die Öltanks
die **Olympiade**, die Olympiaden
die **Olympischen Spiele**

Om

die **Oma**, die Omas,
auch: die Omi, die Omis
das **Omelett**, die Omeletts
der **Omnibus**, die Omnibusse

On

der **Onkel**

Op

der **Opa**, die Opas,
auch: der Opi, die Opis
das **Openair** (sprich: oupenär),
die Openairs, auch: Open Air
(Freiluft . . .)
die **Oper**, die Opern
die **Operation**, die Operationen
der **Operationssaal**,
die Operationssäle
operieren, du wirst operiert
das **Opfer**
der **Optiker**
die **Optikerin**, die Optikerinnen
optimal (am besten)

Or

orange
die **Orange**, die Orangen
der **Orangensaft**, die Orangensäfte
der **Orang-Utan**, die Orang-Utans
das **Orchester**
die **Orchidee**, die Orchideen
ordentlich
ordinär
ordnen, du ordnest
die **Ordnung**, die Ordnungen
in **Ordnung** bringen,
du bringst in Ordnung
das **Organ**, die Organe
die **Organisation**, die Organisationen
organisieren, du organisierst
die **Orgel**, die Orgeln
der **Orient**
orientalisch
sich **orientieren**, du orientierst dich
das **Original**, die Originale
original
originell
der **Orkan**, die Orkane
der **Ort**, die Orte
örtlich
die **Ortschaft**, die Ortschaften

Os

der **Osten**
das **Osterei**, die Ostereier
der **Osterhase**, die Osterhasen
Ostern
Österreich
der **Österreicher**
die **Österreicherin**,
die Österreicherinnen
österreichisch
östlich
die **Ostsee**
out (sprich: aut), das ist out
(unmodern)

Ov

oval
der **Overall**, die Overalls
der **Overheadprojektor**,
die Overheadprojektoren

Ow

o weh!

Oz

der **Ozean**, die Ozeane
das **Ozon**, auch: der Ozon
das **Ozonloch**, die Ozonlöcher
die **Ozonschicht**
der **Ozonwert**, die Ozonwerte

Pa

ein paar (ein paar Dinge)
das **Paar**, die Paare (ein Paar Socken)
das **Päckchen**
packen, du packst
das **Packpapier**
die **Packung**, die Packungen
das **Paddel**
das **Paddelboot**, die Paddelboote
paddeln, du paddelst
das **Paket**, die Pakete
der **Palast**, die Paläste
die **Palme**, die Palmen
die **Pampelmuse**, die Pampelmusen
der **Panda**, die Pandas
die **Panik**, die Paniken
panisch
die **Panne**, die Pannen
das **Panorama**, die Panoramen
panschen, du panschst
der **Panther**, auch: der Panter
der **Pantoffel**, die Pantoffeln
die **Pantomime**, die Pantomimen
der **Panzer**
der **Papa**, die Papas, auch: der Papi, die Papis
der **Papagei**, die Papageien
das **Papier**, die Papiere
der **Papierkorb**, die Papierkörbe
der **Papierschnipsel**
die **Papiertonne**, die Papiertonnen
der **Pappdeckel**, auch: der Pappendeckel
die **Pappe**, die Pappen
die **Pappel**, die Pappeln
der **Paprika**, die Paprika, auch: die Paprikas
der **Papst**, die Päpste
das **Paradies**, die Paradiese
parallel
das **Pärchen**
das **Parfüm**, die Parfüme, auch: das Parfum, die Parfums
der **Park**, die Parks
parken, du parkst
das **Parkett**, die Parketts, auch: die Parkette
der **Parkplatz**, die Parkplätze
das **Parlament**, die Parlamente
die **Partei**, die Parteien
der **Partner**
die **Partnerin**, die Partnerinnen
die **Party**, die Partys
der **Pass**, die Pässe
der **Passagier** (sprich: passaschiir), die Passagiere (Fahrgast)
der **Passant**, die Passanten
die **Passantin**, die Passantinnen
das **Passbild**, die Passbilder
passen, du passt
passieren, es passiert
passiv
der **Pastor**, die Pastoren
die **Pastorin**, die Pastorinnen
der **Pate**, die Paten
der **Patient**, die Patienten
die **Patientin**, die Patientinnen
die **Patin**, die Patinnen
die **Patrone**, die Patronen

pauken, du paukst
die **Pause**, die Pausen
der **Pavian**, die Paviane
der **Pazifik**
der **Pazifische Ozean**

Pc

der **PC** (Abkürzung für Personal Computer), die PCs

Pe

das **Pech**
der **Pechvogel**, die Pechvögel
das **Pedal**, die Pedale
peinlich
die **Peitsche**, die Peitschen
der **Pelikan**, die Pelikane
die **Pelle**, die Pellen
pellen, du pellst
die **Pellkartoffel**, die Pellkartoffeln
der **Pelz**, die Pelze
pelzig
das **Pendel**
der **Pendler**
peng!
der **Penis**, die Penisse
pennen, du pennst
die **Pension**, die Pensionen
perfekt
das **Perfekt**
die **Periode**, die Perioden
die **Perle**, die Perlen
die **Person**, die Personen
der **Personalausweis**, die Personalausweise
das **Personalpronomen**, die Personalpronomen, auch: die Personalpronomina
persönlich
die **Perücke**, die Perücken
die **Pest**
die **Petersilie**
das **Petroleum**
petzen, du petzt

Pf

der **Pfad**, die Pfade
der **Pfadfinder**
der **Pfahl**, die Pfähle
das **Pfand**, die Pfänder
die **Pfandflasche**, die Pfandflaschen
das **Pfandglas**, die Pfandgläser
die **Pfanne**, die Pfannen
der **Pfannkuchen**
der **Pfarrer**
die **Pfarrerin**, die Pfarrerinnen
der **Pfau**, die Pfauen
der **Pfeffer**
der **Pfefferkuchen**
die **Pfefferminze**
die **Pfeife**, die Pfeifen
pfeifen, du pfeifst, sie pfiff, er hat gepfiffen
der **Pfeil**, die Pfeile
der **Pfeiler**
der **Pfennig**, die Pfennige
das **Pferd**, die Pferde
der **Pferdeschwanz**, die Pferdeschwänze
der **Pfiff**, die Pfiffe
der **Pfifferling**, die Pfifferlinge
pfiffig
Pfingsten
der **Pfirsich**, die Pfirsiche
die **Pflanze**, die Pflanzen
pflanzen, du pflanzt
das **Pflaster**
die **Pflaume**, die Pflaumen
pflegen, du pflegst

der **Pfleger**
die **Pflegerin**, die Pflegerinnen
die **Pflicht**, die Pflichten
pflücken, du pflückst
der **Pflug**, die Pflüge
pflügen, du pflügst
die **Pforte**, die Pforten
der **Pfosten**
die **Pfote**, die Pfoten
pfui!
das **Pfund**, die Pfunde
pfuschen, du pfuschst
die **Pfütze**, die Pfützen

Ph

die **Phantasie**, die Phantasien, auch: die Fantasie
phantastisch, auch: fantastisch
das **Phantom**, die Phantome
der **Pharao**, die Pharaonen, auch: die Pharaos (Könige im alten Ägypten)
die **Physik**

Pi

der **Pickel**
picken, er pickt
das **Picknick**, die Picknicks
piekfein
piepen, es piept
piepsen, es piepst
der **Pilger**
die **Pille**, die Pillen
der **Pilot**, die Piloten
die **Pilotin**, die Pilotinnen
das **Pils** (Bier)
der **Pilz**, die Pilze (Pilze suchen)
der **Pinguin**, die Pinguine
pink
die **Pinnwand**, die Pinnwände
der **Pinsel**
die **Pinzette**, die Pinzetten
der **Pirat**, die Piraten
die **Piratin**, die Piratinnen
die **Piste**, die Pisten
die **Pistole**, die Pistolen
die **Pizza**, die Pizzas, auch: die Pizzen
die **Pizzeria**, die Pizzerien, auch: die Pizzerias

Pk

der **Pkw** (Abkürzung für Personenkraftwagen), die Pkws, auch: der PKW, die PKWs

Pl

sich **plagen**, du plagst dich
das **Plakat**, die Plakate
die **Plakette**, die Plaketten
der **Plan**, die Pläne
planen, du planst
der **Planet**, die Planeten

Planeten

die **Planke**, die Planken
das **Plantschbecken**, auch: das Planschbecken
plantschen, du plantschst, auch: planschen
plappern, du plapperst
plärren, du plärrst
das **Plastik** (ein Plastikeimer)
plätschern, es plätschert
platt
die **Platte**, die Platten
der **Platz**, die Plätze
das **Plätzchen**
platzen, es platzt
plaudern, du plauderst
das **Play-back** (sprich: pläibäck), die Play-backs, auch: das Playback (Bandaufzeichnung)
die **Playstation** (sprich: pläistäischn), die Playstations (Spielkonsole)
pleite
die **Plombe**, die Plomben
plombieren, er plombiert
plötzlich
plump
plumpsen, du plumpst
plündern, du plünderst
der **Plural**
plus
der **Pluto**

Po

der **Po**, die Pos, auch: der Popo
pochen, du pochst
das **Podium**, die Podien
das **Poesiealbum**, die Poesiealben
der **Pokal**, die Pokale
das **Pokalspiel**, die Pokalspiele
der **Pol**, die Pole
der **Polarstern**
der **Pole**, die Polen
Polen
polieren, du polierst
die **Polin**, die Polinnen
die **Politesse**, die Politessen
die **Politik**
der **Politiker**
die **Politikerin**, die Politikerinnen
die **Polizei**
der **Polizist**, die Polizisten
die **Polizistin**, die Polizistinnen
der **Pollen**
polnisch
das **Polster**
poltern, du polterst
die **Pommes frites** (sprich: pommfrit)
das **Pony**, die Ponys (kleines Pferd)
der **Pony**, die Ponys (Frisur)
der **Pool** (sprich: puul), die Pools
das **Popcorn**
die **Popmusik**, auch: der Pop
der **Popo**, die Popos, auch: der Po
populär
die **Pore**, die Poren
die **Portion**, die Portionen
das **Portmonee**, die Portmonees, auch: das Portemonnaie
das **Porto**, die Portos, auch: die Porti
Portugal
der **Portugiese**, die Portugiesen
die **Portugiesin**, die Portugiesinnen
portugiesisch
das **Porzellan**, die Porzellane
die **Posaune**, die Posaunen
positiv
die **Post**

A B C D E F G H I J K L M N O P Q R S T U V W X Y Z

das **Postamt**, die Postämter
der **Postbote**, die Postboten
die **Postbotin**, die Postbotinnen
das **Poster**
die **Postkarte**, die Postkarten
die **Power** (sprich: pauer) (Kraft, Stärke)
powern (sprich: pauern), du powerst

Pr

prächtig
das **Prädikat**, die Prädikate
prahlen, du prahlst
praktisch
die **Praline**, die Pralinen
prall
die **Prämie**, die Prämien
die **Präposition**, die Präpositionen
die **Prärie**, die Prärien
das **Präsens**
der **Präsident**, die Präsidenten
die **Präsidentin**, die Präsidentinnen
prasseln, es prasselt
das **Präteritum**
die **Praxis**, die Praxen
die **Predigt**, die Predigten
der **Preis**, die Preise
das **Preisausschreiben**
preiswert
prellen, du prellst
die **Prellung**, die Prellungen
die **Presse**, die Pressen
pressen, du presst
prickeln
der **Priester**
die **Priesterin**, die Priesterinnen
prima
primitiv
der **Prinz**, die Prinzen
die **Prinzessin**, die Prinzessinnen
das **Prinzip**, die Prinzipien
die **Prise**, die Prisen (eine Prise Salz)
die **Pritsche**, die Pritschen
privat
die **Probe**, die Proben
probieren, du probierst
das **Problem**, die Probleme
problemlos
das **Produkt**, die Produkte
produzieren, du produzierst
der **Professor**, die Professoren
die **Professorin**, die Professorinnen
der **Profi**, die Profis
der **Profifußballer**
das **Programm**, die Programme
programmieren, du programmierst
das **Projekt**, die Projekte
der **Projektor**, die Projektoren
prominent
prompt
das **Pronomen**, die Pronomen, auch: die Pronomina
der **Propeller**
der **Prophet**, die Propheten
die **Prophetin**, die Prophetinnen
prosit!, auch: prost!
der **Prospekt**, die Prospekte
der **Protestant**, die Protestanten
die **Protestantin**, die Protestantinnen
protestantisch
protestieren, du protestierst
das **Protokoll**, die Protokolle
der **Prozess**, die Prozesse
prüfen, du prüfst

die **Prüfung**, die Prüfungen
die **Prügel**
prügeln, du prügelst
prusten, du prustest

Ps

PS (Abkürzung für Pferdestärke)

Pu

die **Pubertät**
das **Publikum**
der **Pudding**, die Puddings, auch: die Puddinge
der **Pudel**
der **Puder**
der **Pulli**, die Pullis
der **Pullover**
der **Pullunder**
der **Puls**
der **Pulsschlag**, die Pulsschläge
das **Pult**, die Pulte
das **Pulver**
die **Pumpe**, die Pumpen
pumpen, du pumpst
der **Punkt**, die Punkte
pünktlich
die **Pupille**, die Pupillen
die **Puppe**, die Puppen
pur
der **Purzelbaum**, die Purzelbäume
purzeln, du purzelst
pusten, du pustest
putzen, du putzt
putzig
puzzeln, du puzzelst
das **Puzzle**, die Puzzles

Py

der **Pyjama** (sprich: püdschama), die Pyjamas (Schlafanzug)
die **Pyramide**, die Pyramiden

Qu

das **Quadrat**, die Quadrate
quadratisch
quaken, er quakt
quälen, du quälst
die **Quälerei**, die Quälereien
die **Qualifikation**, die Qualifikationen
die **Qualität**, die Qualitäten
die **Qualle**, die Quallen
der **Qualm**
qualmen, es qualmt
der **Quark**
das **Quartett**, die Quartette
das **Quartier**, die Quartiere
quasseln, du quasselst
der **Quatsch**
quatschen, du quatschst
das **Quecksilber**
die **Quelle**, die Quellen
quellen, es quillt, es quoll, es ist gequollen
quer
querfeldein
quetschen, du quetschst
quicklebendig
quieken, du quiekst
quietschen, du quietschst
quietschvergnügt
der **Quirl**, die Quirle
quitt
die **Quittung**, die Quittungen
das **Quiz**

Ra

der **Rabatt**, die Rabatte
der **Rabbiner**
der **Rabe**, die Raben
rabenschwarz
rabiat
die **Rache**
der **Rachen**
sich **rächen**, du rächst dich
das **Rad**, die Räder
der **Radar**, die Radare, auch: das Radar
der **Radau**
radeln, du radelst
das **Radfahren**
der **Radfahrer**
die **Radfahrerin**, die Radfahrerinnen
radieren, du radierst
der **Radiergummi**, die Radiergummis
das **Radieschen**
radikal
das **Radio**, die Radios
radioaktiv
die **Radioaktivität**
der **Radius**, die Radien
raffen, du raffst
die **Raffgier**
raffgierig
raffiniert
ragen, es ragt
der **Rahm**
der **Rahmen**
sich **räkeln**, du räkelst dich, auch: sich rekeln
die **Rakete**, die Raketen
die **Rallye** (sprich: rälli), die Rallyes (Autorennen)
der **Ramadan**
rammen, du rammst
die **Ranch** (sprich: ränsch), die Ranchs, auch: die Ranches
der **Rand**, die Ränder
der **Rang**, die Ränge
die **Rangelei**, die Rangeleien
rangeln, du rangelst
rangieren, du rangierst
der **Ranzen**
ranzig
der **Rap** (sprich: räpp) (Musikrichtung)
der **Rappe**, die Rappen
der **Raps**
rar
rasant
rasch
rascheln, du raschelst
rasen, du rast
der **Rasen**
der **Rasenmäher**
der **Rasierapparat**, die Rasierapparate
sich **rasieren**, du rasierst dich
raspeln, du raspelst
die **Rasse**, die Rassen
die **Rassel**, die Rasseln
rasseln, du rasselst
die **Rast**
rasten, du rastest
die **Raststätte**, die Raststätten
die **Rate**, die Raten (eine Rate zahlen)

A B C D E F G H I J K L M N O P Q R S T U V W X Y Z

raten, du rätst, sie riet, er hat geraten
das **Rathaus**, die Rathäuser
das **Rätsel**
rätselhaft
die **Ratte**, die Ratten
rattern, du ratterst
rau
rauben, du raubst
der **Räuber**
das **Raubtier**, die Raubtiere
der **Rauch**
rauchen, du rauchst
rauf
der **Raufbold**, die Raufbolde
raufen, du raufst
die **Rauferei**, die Raufereien
der **Raum**, die Räume
räumen, du räumst
das **Raumschiff**, die Raumschiffe
die **Raupe**, die Raupen
der **Raureif**
raus
rauschen, es rauscht
das **Rauschgift**
rauskommen, du kommst raus, sie kam raus, er ist rausgekommen
sich **räuspern**, du räusperst dich
die **Ravioli**
die **Razzia**, die Razzien

Re

reagieren, du reagierst
die **Reaktion**, die Reaktionen
der **Reaktor**, die Reaktoren
real (wirklich)
die **Realschule**, die Realschulen
der **Realschüler**
die **Realschülerin**, die Realschülerinnen
die **Rebe**, die Reben
rechen, du rechst (das Beet rechen)
der **Rechen**
der **Rechenfehler**
rechnen, du rechnest
die **Rechnung**, die Rechnungen
recht
das **Recht**, die Rechte
das **Rechteck**, die Rechtecke
rechts
die **Rechtschreibung**
rechtzeitig
das **Reck**, die Recks, auch: die Recke
sich **recken**, du reckst dich
der **Recorder**, auch: der Rekorder
das **Recycling** (sprich: rissaikling) (Wiederverwertung)
die **Rede**, die Reden
reden, du redest
das **Referat**, die Referate
der **Refrain** (sprich: refrää), die Refrains (Kehrreim)
das **Regal**, die Regale
die **Regatta**, die Regatten
die **Regel**, die Regeln
regelmäßig
der **Regen**
sich **regen**, du regst dich
der **Regenbogen**
der **Regenschirm**, die Regenschirme
der **Regentropfen**
der **Regenwurm**, die Regenwürmer
regieren, sie regiert
der **Regisseur**, die Regisseure
die **Regisseurin**, die Regisseurinnen

reglos
regnen, es regnet
das **Reh**, die Rehe
die **Reibe**, die Reiben
reiben, du reibst, sie rieb, er hat gerieben
reibungslos
reich
reichen, du reichst
reif
der **Reif** (gefrorener Tau)
der **Reifen**
die **Reifenpanne**, die Reifenpannen
die **Reihe**, die Reihen
die **Reihenfolge**, die Reihenfolgen
der **Reiher**
der **Reim**, die Reime
reimen, du reimst
sich **reimen**, es reimt sich
rein
der **Reinfall**, die Reinfälle
reinfallen, du fällst rein, er fiel rein, sie ist reingefallen
reinigen, du reinigst
reinkommen, du kommst rein, sie kam rein, er ist reingekommen
der **Reis**
die **Reise**, die Reisen
das **Reisebüro**, die Reisebüros
reisen, du reist (nach Italien reisen)
das **Reiskorn**, die Reiskörner
reißen, du reißt, er riss, sie hat gerissen (etwas in Stücke reißen)
der **Reißverschluss**, die Reißverschlüsse
die **Reißzwecke**, die Reißzwecken

reiten, du reitest, sie ritt, er ist geritten
der **Reiter**
die **Reiterin**, die Reiterinnen
der **Reiz**, die Reize
reizen, du reizt
reizend
die **Reklame**, die Reklamen
reklamieren, du reklamierst
der **Rekord**, die Rekorde
der **Rekorder**, auch: der Recorder
der **Rektor**, die Rektoren
das **Rektorat**, die Rektorate
die **Rektorin**, die Rektorinnen
relativ
die **Religion**, die Religionen
die **Remoulade**, die Remouladen
rempeln, du rempelst
das **Rennauto**, die Rennautos
rennen, du rennst, sie rannte, er ist gerannt
der **Renner**
renovieren, du renovierst
die **Rente**, die Renten
der **Rentner**
die **Rentnerin**, die Rentnerinnen
die **Reparatur**, die Reparaturen
reparieren, du reparierst
die **Reportage** (sprich: reportaasche), die Reportagen (Berichterstattung)
der **Reporter**
die **Reporterin**, die Reporterinnen
das **Reptil**, die Reptilien
die **Republik**, die Republiken
reservieren, du reservierst
der **Respekt**
respektlos
der **Rest**, die Reste

das **Restaurant** (sprich: restorang), die Restaurants
restlos
die **Restmülltonne**, die Restmülltonnen
das **Resultat**, die Resultate
retten, du rettest
der **Rettich**, die Rettiche
das **Rettungsboot**, die Rettungsboote
die **Reue**
das **Revier**, die Reviere
der **Revolver**
das **Rezept**, die Rezepte

Rh

der **Rhabarber**
der **Rhein**
Rheinland-Pfalz
rhythmisch
der **Rhythmus**, die Rhythmen

Ri

richten, du richtest
der **Richter**
die **Richterin**, die Richterinnen
richtig
die **Richtung**, die Richtungen
riechen, es riecht, es roch, es hat gerochen
der **Riegel**
der **Riemen**
der **Riese**, die Riesen
rieseln, es rieselt
riesengroß
das **Riesenrad**, die Riesenräder
riesig (ein riesiger Berg)
das **Riff**, die Riffe
die **Rille**, die Rillen
das **Rind**, die Rinder
die **Rinde**, die Rinden
der **Rinderwahnsinn**
der **Ring**, die Ringe
das **Ringbuch**, die Ringbücher
ringen, du ringst
der **Ringkampf**, die Ringkämpfe
ringsherum

Ritterburg

die **Rinne**, die Rinnen
rinnen, es rinnt, es rann, es ist geronnen
die **Rippe**, die Rippen
riskieren, du riskierst
das **Risiko**, die Risikos, auch: die Risiken
riskant
der **Riss**, die Risse
rissig (eine rissige Wand)
der **Ritter**
die **Ritterburg**, die Ritterburgen
die **Ritterrüstung**, die Ritterrüstungen
die **Ritterzeit**

die **Ritze**, die Ritzen
ritzen, du ritzt
der **Rivale**, die Rivalen
die **Rivalin**, die Rivalinnen
die **Rivalität**, die Rivalitäten

Ro

die **Robbe**, die Robben
robben, du robbst
der **Roboter**
robust
röcheln, du röchelst
der **Rock**, die Röcke (Kleidungsstück)
der **Rocker**
das **Rockkonzert**, die Rockkonzerte
die **Rockmusik**
die **Rodelbahn**, die Rodelbahnen
rodeln, du rodelst
der **Rodeo**, auch: das Rodeo, die Rodeos
der **Roggen**
das **Roggenbrot**, die Roggenbrote
das **Roggenmehl**
roh
die **Rohkost**
der **Rohstoff**, die Rohstoffe
das **Rohr**, die Rohre
die **Röhre**, die Röhren
der **Rohrkolben**
die **Rolle**, die Rollen
rollen, du rollst
der **Roller**
die **Rollerblades**
die **Rollerskates**
der **Rollkragen**
der **Rollladen**, die Rollläden
der **Rollmops**, die Rollmöpse
der **Rollschuh**, die Rollschuhe
der **Rollstuhl**, die Rollstühle

der **Roman**, die Romane
romantisch
der **Römer**
die **Römerin**, die Römerinnen
röntgen, du wirst geröntgt
rosa
die **Rose**, die Rosen
der **Rosenkohl**
die **Rosine**, die Rosinen
das **Rosinenbrötchen**
das **Ross**, die Rösser
der **Rost**, die Roste
rosten, es rostet
rösten, du röstest
rostig
rot
das **Rote Kreuz**
das **Rotkehlchen**
der **Rotkohl**
das **Rotkraut**
rötlich
die **Roulade**, (sprich: rulaade), die Rouladen (Fleischgericht)

Ruine

Ru

rubbeln, du rubbelst
die **Rübe**, die Rüben
der **Rückblick**, die Rückblicke
rücken, du rückst
der **Rücken**
die **Rückenschmerzen**
rückenschwimmen
die **Rückfahrkarte**, die Rückfahrkarten
die **Rückfahrt**, die Rückfahrten
die **Rückgabe**, die Rückgaben
rückgängig
das **Rückgrat**
der **Rucksack**, die Rucksäcke
die **Rücksicht**, die Rücksichten
rücksichtslos
rücksichtsvoll
der **Rücksitz**, die Rücksitze
der **Rückspiegel**
der **Rückstrahler**
rückwärts
der **Rückwärtsgang**, die Rückwärtsgänge
der **Rüde**, die Rüden
das **Rudel**
das **Ruder**
das **Ruderboot**, die Ruderboote
rudern, du ruderst
der **Ruf**, die Rufe
rufen, du rufst, sie rief, er hat gerufen
die **Ruhe**
ruhig
der **Ruhm**
rühren, du rührst
die **Ruine**, die Ruinen
rülpsen, du rülpst
Rumänien
rumänisch
der **Rummelplatz**, die Rummelplätze
rumoren, du rumorst
die **Rumpelkammer**, die Rumpelkammern
rumpeln, es rumpelt
das **Rumpelstilzchen**
der **Rumpf**, die Rümpfe
rund
die **Runde**, die Runden
die **Rundfahrt**, die Rundfahrten
der **Rundfunk**
rundlich
runter
runterladen, du lädst runter, er lud runter, sie hat runtergeladen auch: herunterladen
runzeln, du runzelst
runzlig, auch: runzelig
rupfen, du rupfst
ruppig
die **Rushhour** (sprich: raschauer), die Rushhours (Hauptverkehrszeit)
der **Ruß**, die Ruße
der **Russe**, die Russen
der **Rüssel**
rußig
die **Russin**, die Russinnen
russisch
Russland
rustikal
die **Rüstung**, die Rüstungen
die **Rute**, die Ruten
die **Rutschbahn**, die Rutschbahnen
die **Rutsche**, die Rutschen
rutschen, du rutschst
rütteln, du rüttelst

Sa

der **Saal**, die Säle

Saarland

die **Saat**, die Saaten

der **Sabbat**, die Sabbate

sabbern, du sabberst

der **Säbel**

die **Sache**, die Sachen

die **Sachkunde**, auch: der Sachunterricht

sächlich

der **Sachschaden**, die Sachschäden

Sachsen

Sachsen-Anhalt

sächsisch

sacht, auch: sachte

der **Sachunterricht**, auch: die Sachkunde

der **Sack**, die Säcke

die **Sackgasse**, die Sackgassen

säen, du säst

die **Safari**, die Safaris

der **Safaripark**, die Safariparks

der **Safe** (sprich: säif), die Safes

der **Saft**, die Säfte

saftig

die **Sage**, die Sagen

die **Säge**, die Sägen

sagen, du sagst

sägen, du sägst

sagenhaft

die **Sägespäne**

das **Sägewerk**

die **Sahara**

die **Sahne**

die **Sahnesoße**, die Sahnesoßen

die **Sahnetorte**, die Sahnetorten

sahnig

die **Saison**, die Saisons

die **Saite**, die Saiten (die Saite der Gitarre)

der **Salamander**

die **Salami**, die Salamis

der **Salat**, die Salate

die **Salatschüssel**, die Salatschüsseln

die **Salbe**, die Salben

der **Salto**, die Saltos, auch: die Salti

das **Salz**, die Salze

das **Salzbergwerk**, die Salzbergwerke

salzen, du salzt

salzig

die **Salzstange**, die Salzstangen

das **Salzwasser**

der **Samen**, auch: der Same

sammeln, du sammelst

die **Sammlung**, die Sammlungen

am **Samstag**

der **Samstag**, die Samstage

am **Samstagabend**

samstags

der **Samt**

sämtlich, sämtliche

das **Sanatorium**, die Sanatorien

der **Sand**

die **Sandale**, die Sandalen

sandig

der **Sandkasten**, die Sandkasten, auch: die Sandkästen

der **Sandstrand**, die Sandstrände
das **Sandwich** (sprich: sändwitsch), auch: der Sandwich, die Sandwichs, auch: die Sandwiches, auch: die Sandwiche
sanft
die **Sänfte**, die Sänften
der **Sänger**
die **Sängerin**, die Sängerinnen
der **Sanitäter**
die **Sanitäterin**, die Sanitäterinnen
die **Sardine**, die Sardinen
der **Sarg**, die Särge
der **Satellit**, die Satelliten
das **Satellitenfoto**, die Satellitenfotos
satt
der **Sattel**, die Sättel
der **Sattelschlepper**
der **Saturn**
der **Satz**, die Sätze
die **Satzaussage**, die Satzaussagen
der **Satzgegenstand**, die Satzgegenstände
das **Satzzeichen**
die **Sau**, die Säue, auch: die Sauen
sauber
die **Sauberkeit**
säubern, du säuberst
saublöd
die **Sauce** (sprich: sooße), auch: die Soße, die Saucen
sauer
die **Sauerei**, die Sauereien
die **Sauerkirsche**, die Sauerkirschen
das **Sauerkraut**
säuerlich
der **Sauerstoff**
die **Sauerstoffflasche**, die Sauerstoffflaschen
saufen, du säufst, er soff, sie hat gesoffen
saugen, du saugst
säugen, du säugst
das **Säugetier**, die Säugetiere
der **Säugling**, die Säuglinge
die **Säule**, die Säulen
der **Saum**, die Säume

Saurier

die **Sauna**, die Saunas, auch: die Saunen
die **Säure**, die Säuren
der **Saurier**
säuseln, du säuselst
sausen, du saust
das **Saxofon**, auch: das Saxophon, die Saxofone

Sb

die **S-Bahn**, die S-Bahnen

Sc

der **Scanner** (sprich: skänner) (Computerzubehör)

Scha

schäbig
die **Schablone**, die Schablonen
das **Schach**
das **Schachbrett**, die Schachbretter
der **Schacht**, die Schächte
die **Schachtel**, die Schachteln
schade
der **Schädel**
schaden, du schadest
der **Schaden**, die Schäden
die **Schadenfreude**
schadenfroh
schädlich
das **Schaf**, die Schafe
der **Schäferhund**, die Schäferhunde
schaffen, du schaffst es
schaffen, du schaffst, er schuf, sie hat geschaffen (ein Kunstwerk schaffen)
der **Schaffner**
die **Schaffnerin**, die Schaffnerinnen
der **Schafkäse**, auch: der Schafskäse
der **Schal**, die Schale, auch: die Schals
die **Schale**, die Schalen
schälen, du schälst
der **Schall**
die **Schallplatte**, die Schallplatten
schalten, du schaltest
der **Schalter**
das **Schaltjahr**, die Schaltjahre
die **Schaltung**, die Schaltungen
sich **schämen**, du schämst dich
die **Schande**
die **Schanze**, die Schanzen
die **Schar**, die Scharen
scharf, schärfer, am schärfsten
scharfsinnig
der **Scharlach**
das **Scharnier**, die Scharniere
scharren, du scharrst
der **Schaschlik**, auch: das Schaschlik, die Schaschliks
der **Schatten**
schattig
der **Schatz**, die Schätze
schätzen, du schätzt
die **Schatztruhe**, die Schatztruhen
schauderhaft
schauen, du schaust
der **Schauer**
die **Schaufel**, die Schaufeln
schaufeln, du schaufelst
das **Schaufenster**
die **Schaukel**, die Schaukeln
schaukeln, du schaukelst
das **Schaukelpferd**, die Schaukelpferde
der **Schaum**, die Schäume
schäumen, es schäumt
der **Schaumstoff**, die Schaumstoffe
schaurig
der **Schauspieler**
die **Schauspielerin**, die Schauspielerinnen

Sche

der **Scheck**, die Schecks
scheckig
die **Scheibe**, die Scheiben
der **Scheich**, die Scheiche, auch: die Scheichs

die **Scheide**, die Scheiden
scheiden, du scheidest, er schied, sie hat geschieden
sich **scheiden** lassen, du lässt dich scheiden, sie ließ sich scheiden, er hat sich scheiden lassen
die **Scheidung**, die Scheidungen
scheinbar
scheinen, es scheint, es schien, es hat geschienen
der **Scheitel**
scheitern, du scheiterst
schellen, du schellst
der **Schelm**, die Schelme
schelten, du schiltst, er schalt, sie hat gescholten
das **Schema**, die Schemas oder: Schemata
der **Schemel**
der **Schenkel**
schenken, du schenkst
scheppern, es scheppert
die **Scherbe**, die Scherben
die **Schere**, die Scheren
die **Schererei**, die Scherereien
der **Scherz**, die Scherze
scherzen, du scherzt
die **Scherzfrage**, die Scherzfragen
scheu
scheuen, das Pferd scheut
sich **scheuen**, du scheust dich
die **Scheu**
scheuchen, du scheuchst
scheuern, du scheuerst
die **Scheune**, die Scheunen
das **Scheusal**, die Scheusale
scheußlich

Schi

der **Schi**, die Schi, auch: die **Schier**, auch: der Ski
die **Schicht**, die Schichten
schick, auch: chic
schicken, du schickst
das **Schicksal**, die Schicksale
schieben, du schiebst, sie schob
die **Schiebetür**, die Schiebetüren
der **Schiedsrichter**
die **Schiedsrichterin**, die Schiedsrichterinnen
schief
schielen, du schielst
das **Schienbein**, die Schienbeine
die **Schiene**, die Schienen
schießen, du schießt, er schoss, sie hat geschossen
das **Schiff**, die Schiffe
die **Schifffahrt**, die Schifffahrten
die **Schikane**, die Schikanen
schikanieren, du schikanierst
das **Schild**, die Schilder
schildern, du schilderst
die **Schildkröte**, die Schildkröten
das **Schilf**
schillern, die Feder schillert
der **Schimmel**
schimmern, es schimmert
schimmlig
der **Schimpanse**, die Schimpansen
schimpfen, du schimpfst
das **Schimpfwort**, die Schimpfwörter
der **Schinken**
die **Schippe**, die Schippen
schippen, du schippst
der **Schirm**, die Schirme
der **Schirmständer**

Schl

die **Schlacht**, die Schlachten
schlachten, du schlachtest
der **Schlaf**
der **Schlafanzug**, die Schlafanzüge
die **Schläfe**, die Schläfen
schlafen, du schläfst, sie schlief, er hat geschlafen
schlaff
der **Schlag**, die Schläge
schlagen, du schlägst, er schlug, sie hat geschlagen
der **Schlager**
der **Schläger**
die **Schlägerei**, die Schlägereien
schlagfertig
die **Schlagsahne**
der **Schlamassel**, auch: das Schlamassel
der **Schlamm**
die **Schlamperei**, die Schlampereien
schlampig
die **Schlange**, die Schlangen
sich **schlängeln**, du schlängelst dich
schlank
schlapp
das **Schlaraffenland**
schlau
der **Schlauch**, die Schläuche
das **Schlauchboot**, die Schlauchboote
die **Schlaufe**, die Schlaufen
schlecht
schlecken, du schleckst
das **Schleckermäulchen**
schleichen, du schleichst, sie schlich, er ist geschlichen
der **Schleier**
die **Schleife**, die Schleifen
schleifen, du schleifst (etwas über den Boden schleifen)
schleifen, du schliffst, er schliff, sie hat geschliffen (ein Messer schleifen)
der **Schleim**
schleimig
schlendern, du schlenderst
die **Schleppe**, die Schleppen
schleppen, du schleppst
Schleswig-Holstein
schleudern, du schleuderst
schleunigst
die **Schleuse**, die Schleusen
schlicht
schlichten, du schlichtest
schließen, du schließt, er schloss, sie hat geschlossen
schließlich
schlimm

Schmetterling

die **Schlinge**, die Schlingen
schlingen, du schlingst,
sie schlang, er hat geschlungen
die **Schlingpflanze**,
die Schlingpflanzen
der **Schlips**, die Schlipse
der **Schlitten**
der **Schlittschuh**, die Schlittschuhe
der **Schlitz**, die Schlitze
das **Schlitzohr**, die Schlitzohren
das **Schloss**, die Schlösser
der **Schlosser**
die **Schlosserei**, die Schlossereien
die **Schlosserin**, die Schlosserinnen
schlottern, du schlotterst
die **Schlucht**, die Schluchten
schluchzen, du schluchzt
der **Schluck**, die Schlucke
der **Schluckauf**,
die Schluckbeschwerden
schlucken, du schluckst
schlummern, du schlummerst
schlüpfen, du schlüpfst
das **Schlupfloch**, die Schlupflöcher
schlurfen, du schlurfst
schlürfen, du schlürfst
der **Schluss**, die Schlüsse
der **Schlüssel**
das **Schlüsselloch**,
die Schlüssellöcher
der **Schlussverkauf**

Schm

schmächtig
schmackhaft
schmal,
schmaler, am schmalsten,
auch: am schmälsten
schmatzen, du schmatzt
schmecken, du schmeckst
schmeicheln, du schmeichelst
schmeißen, du schmeißt,
er schmiss, sie hat geschmissen
schmelzen, es schmilzt,
es schmolz, es ist geschmolzen
der **Schmerz**, die Schmerzen
schmerzen, es schmerzt
schmerzhaft
das **Schmerzmittel**
der **Schmetterling**, die Schmetterlinge
der **Schmied**, die Schmiede
die **Schmiedin**, die Schmiedinnen
schmieren, du schmierst
der **Schmierfink**, die Schmierfinken
sich **schminken**, du schminkst dich
schmökern, du schmökerst
schmollen, du schmollst
der **Schmuck**
schmücken, du schmückst
das **Schmuckstück**,
die Schmuckstücke
schmuggeln, du schmuggelst
schmunzeln, du schmunzelst
schmusen, du schmust
der **Schmutz**
schmutzig

Schn

der **Schnabel**, die Schnäbel
die **Schnake**, die Schnaken
die **Schnalle**, die Schnallen
schnalzen, du schnalzt
schnappen, du schnappst
der **Schnappschuss**,
die Schnappschüsse
schnarchen, du schnarchst
schnattern, du schnatterst
schnaufen, du schnaufst

die **Schnauze**, die Schnauzen
sich **schnäuzen**, du schnäuzt dich
die **Schnecke**, die Schnecken
der **Schnee**
der **Schneeball**, die Schneebälle
schneebedeckt
der **Schneemann**, die Schneemänner
schneeweiß
schneiden, du schneidest, sie schnitt, er hat geschnitten
der **Schneider**
die **Schneiderin**, die Schneiderinnen
der **Schneidezahn**, die Schneidezähne
schneien, es schneit
schnell
die **Schnelligkeit**
schniefen
schnippeln, du schnippelst
schnippisch
der **Schnitt**, die Schnitte
die **Schnitte**, die Schnitten
der **Schnittlauch**
die **Schnittwunde**, die Schnittwunden
das **Schnitzel**
schnitzen, du schnitzt
der **Schnorchel**
schnorcheln, du schnorchelst
der **Schnörkel**
schnüffeln, du schnüffelst
der **Schnuller**
der **Schnupfen**
schnuppern, du schnupperst
die **Schnur**, die Schnüre
schnüren, du schnürst
der **Schnurrbart**, die Schnurrbärte
schnurren, sie schnurrt
der **Schnürsenkel**

Scho

der **Schock**, die Schocks
schocken, es schockt
schockiert
die **Schokolade**, die Schokoladen
die **Scholle**, die Schollen
schon
schön
schonen, du schonst
schöpfen, du schöpfst
der **Schornstein**, die Schornsteine
der **Schornsteinfeger**
die **Schornsteinfegerin**, die Schornsteinfegerinnen
der **Schoß**, die Schöße
die **Schote**, die Schoten

Schr

schräg
die **Schramme**, die Schrammen
der **Schrank**, die Schränke
die **Schranke**, die Schranken
die **Schraube**, die Schrauben
schrauben, du schraubst
der **Schraubverschluss**, die Schraubverschlüsse
der **Schrebergarten**, die Schrebergärten
der **Schreck**, die Schrecke, auch: die Schrecken
schrecklich
der **Schrei**, die Schreie
schreiben, du schreibst, er schrieb, sie hat geschrieben
die **Schreibmaschine**, die Schreibmaschinen
schreien, du schreist, sie schrie, er hat geschrien
der **Schreiner**

die **Schreinerin**, die Schreinerinnen
schreiten, du schreitest, er schritt, sie ist geschritten
die **Schrift**, die Schriften
der **Schritt**, die Schritte
der **Schrott**
schrubben, du schrubbst

Schu

die **Schubkarre**, die Schubkarren
die **Schublade**, die Schubladen
schubsen, du schubst, auch: schupsen
schüchtern
die **Schüchternheit**
der **Schuft**, die Schufte
schuften, du schuftest
der **Schuh**, die Schuhe
die **Schuhcreme**, auch: die Schuhkreme oder: die Schuhkrem
die **Schularbeiten**
der **Schulbus**, die Schulbusse
die **Schuld** (es ist meine Schuld)
die **Schulden** (ich habe Schulden)
schuld (ich bin schuld)
schuldig
die **Schule**, die Schulen
der **Schüler**
die **Schülerin**, die Schülerinnen
das **Schuljahr**, die Schuljahre
der **Schulleiter**
die **Schulleiterin**, die Schulleiterinnen
die **Schultasche**, die Schultaschen
die **Schulter**, die Schultern
schummeln, du schummelst
schunkeln, du schunkelst
die **Schuppe**, die Schuppen (Haarschuppen)
der **Schuppen** (Geräteschuppen)
schupsen, du schupst, auch: schubsen
die **Schürze**, die Schürzen
der **Schuss**, die Schüsse
die **Schüssel**, die Schüsseln
der **Schuster**
die **Schusterin**, die Schusterinnen
der **Schutt**
schütteln, du schüttelst
schütten, du schüttest
der **Schutz**
das **Schutzblech**, die Schutzbleche
der **Schütze**, die Schützen
schützen, du schützt
die **Schutzkleidung**
der **Schutzmann**, die Schutzleute

Schw

schwach, schwächer, am schwächsten
der **Schwager**, die Schwäger
die **Schwägerin**, die Schwägerinnen
die **Schwalbe**, die Schwalben
der **Schwamm**, die Schwämme
der **Schwan**, die Schwäne
schwanger
die **Schwangerschaft**, die Schwangerschaften
schwanken, du schwankst
der **Schwanz**, die Schwänze
schwärmen, du schwärmst
schwarz, schwärzer, am schwärzesten
schwatzen, du schwatzt, auch: schwätzen

der **Schwebebalken**
schweben, du schwebst
der **Schwede**, die Schweden
Schweden
die **Schwedin**, die Schwedinnen
schwedisch
der **Schweif**, die Schweife
schweigen,
du schweigst, er schwieg,
sie hat geschwiegen
schweigsam
das **Schwein**, die Schweine
die **Schweinerei**, die Schweinereien
der **Schweiß**
schweißen, du schweißt
die **Schweiz**
der **Schweizer**
die **Schweizerin**, die Schweizerinnen
schwelen, es schwelt (Feuer)
schwellen, es schwillt, es schwoll,
es ist geschwollen
schwenken, du schwenkst
schwer
schwerhörig
das **Schwert**, die Schwerter
die **Schwertlilie**, die Schwertlilien
die **Schwester**, die Schwestern
der **Schwiegersohn**,
die Schwiegersöhne
die **Schwiegertochter**,
die Schwiegertöchter
schwierig
die **Schwierigkeit**,
die Schwierigkeiten
das **Schwimmbad**, die Schwimmbäder
schwimmen,
du schwimmst, sie schwamm,
er ist geschwommen
die **Schwimmflosse**,
die Schwimmflossen
der **Schwindel**
schwindeln, du schwindelst
schwindlig, auch: schwindelig
schwingen, du schwingst,
sie schwang, er hat geschwungen
schwitzen, du schwitzt
schwören, du schwörst,
sie schwor, er hat geschworen
schwül
der **Schwung**, die Schwünge
der **Schwur**, die Schwüre

Sci

die **Sciencefiction**
(sprich: sseinsfiktschn)
auch: Science-Fiction

Se

sechs, sechsmal
das **Sechskornbrot**,
die Sechskornbrote
sechzehn
sechzig
die **See** (Meer)
der **See**, die Seen
die **Seele**, die Seelen
der **Seemann**, die Seeleute
die **Seerose**, die Seerosen
das **Segelboot**, die Segelboote
segeln, du segelst
der **Segen**
sehen, du siehst, er sah,
sie hat gesehen
die **Sehenswürdigkeit**,
die Sehenswürdigkeiten
die **Sehne**, die Sehnen
sich **sehnen**, du sehnst dich
die **Sehnsucht**, die Sehnsüchte

	sehnsüchtig
	sehr
	seicht
ihr	**seid** – sein
die	**Seide**, die Seiden
die	**Seife**, die Seifen
die	**Seifenblase**, die Seifenblasen
das	**Seil**, die Seile
die	**Seilbahn**, die Seilbahnen
	sein, ich bin, du bist, er ist, wir sind, ihr seid, sie sind, ich war, du warst, ihr wart, sie ist gewesen
	sein, seine, seiner
	seit (seit gestern)
	seitdem
die	**Seite**, die Seiten (Buchseite)
	seitwärts
der	**Sekretär**, die Sekretäre
das	**Sekretariat**, die Sekretariate
die	**Sekretärin**, die Sekretärinnen

Sessellift

der	**Sekt**
die	**Sekte**, die Sekten
die	**Sekunde**, die Sekunden
	sekundenlang
	selber
	selbst
der	**Selbstlaut**, die Selbstlaute
	selbstständig, auch: selbständig
	selbstverständlich
	selig
	selten
	seltsam
das	**Semester**
das	**Seminar**, die Seminare
die	**Semmel**, die Semmeln
die	**Semmelbrösel**
	senden, du sendest, er sandte, auch: er sendete, sie hat gesandt, auch: sie hat gesendet
der	**Sender**
die	**Sendung**, die Sendungen
der	**Senf**
	senkrecht
die	**Senkrechte**, die Senkrechten
die	**Sensation**, die Sensationen
	sensationell
die	**Sense**, die Sensen
der	**Sensor**, die Sensoren
der	**September**
die	**Serie**, die Serien
der	**Service** (sprich: sörwiss) (Betreuung)
	servieren, du servierst
die	**Serviette**, die Servietten
der	**Sessel**
der	**Sessellift**, die Sessellifte, auch: die Sessellifts

sich **setzen**, du setzt dich
die **Seuche**, die Seuchen
seufzen, du seufzt
die **Sexualität**
sexy

Sh

das **Shampoo** (sprich: schampuu), die Shampoos
der **Sheriff**, die Sheriffs
der **Shop**, die Shops
die **Shorts**
die **Show**, die Shows

Si

sich
die **Sichel**, die Sicheln
sicher
die **Sicherheit**, die Sicherheiten
der **Sicherheitsgurt**, die Sicherheitsgurte
die **Sicherung**, die Sicherungen
die **Sicht**
sichtbar
sie
das **Sieb**, die Siebe
sieben, du siebst (Mehl sieben)
sieben, siebenmal
siebzehn
siebzig
die **Siedlung**, die Siedlungen
der **Sieg**, die Siege
siegen, du siegst
der **Sieger**
die **Siegerehrung**, die Siegerehrungen
die **Siegerin**, die Siegerinnen
das **Signal**, die Signale
die **Silbe**, die Silben
das **Silber**
die **Silbermedaille**, die Silbermedaillen
silbern
das **Silo**, die Silos
der **Silvester**, auch: das Silvester
der **Silvesterabend**, die Silvesterabende
simpel
sie **sind** – sein
singen, du singst, sie sang, er hat gesungen
der **Single** (sprich: ssingl), die Singles (Mensch ohne Partner)
der **Singular**
sinken, du sinkst, er sank, sie ist gesunken
der **Sinn**, die Sinne
sinnlos
sinnvoll
die **Sintflut**
die **Sirene**, die Sirenen
der **Sirup**
die **Situation**, die Situationen
der **Sitz**, die Sitze
sitzen, du sitzt, sie saß, er hat gesessen
die **Sitzung**, die Sitzungen

Sk

die **Skala**, die Skalen, auch: die Skalas
der **Skandal**, die Skandale
der **Skat**, auch: das Skatspiel, die Skatspiele
das **Skateboard**, (sprich: skäitbord), die Skateboards
das **Skelett**, die Skelette
der **Sketsch**, auch: der Sketch, die Sketsche

der **Ski**, auch: der Schi, die Ski, auch: die Skier
die **Skizze**, die Skizzen
der **Sklave**, die Sklaven
die **Sklaverei**
die **Sklavin**, die Sklavinnen

Sl

der **Slalom**, die Slaloms
der **Slip**, die Slips
slowakisch
die **Slowakische Republik**
der **Slum** (sprich: der slamm), die Slums (Armenviertel)

Sm

der **Smog**

So

so
sobald
die **Socke**, auch: der Socken, die Socken
das **Söckchen**
der **Sockel**
sodass, auch: so dass
soeben
das **Sofa**, die Sofas
sofort
das **Softeis**
die **Software** (sprich: softwär) (Computerprogramm)
sogar
so genannt
sogleich
die **Sohle**, die Sohlen
der **Sohn**, die Söhne
solange (Solange ich schlafe, kann ich nicht ...)
so lange (Ich bleibe so lange zu Hause, bis ...)
die **Solarenergie**
solch, solche, **solcher**, solches
der **Soldat**, die Soldaten
die **Soldatin**, die Soldatinnen
sollen, du sollst
solo
der **Sommer**
die **Sommerferien**
die **Sommersprosse**, die Sommersprossen
das **Sonderangebot**, die Sonderangebote
sonderbar
der **Sondermüll**
sondern
die **Sonderschule**, die Sonderschulen
der **Song**, die Songs
der **Sonnabend**, die Sonnabende
sonnabends
die **Sonne**, die Sonnen
sich **sonnen**, du sonnst dich
der **Sonnenbrand**, die Sonnenbrände
sonnig
der **Sonntag**, die Sonntage
am **Sonntag**
sonntags
sonst
sonstige
sonst wo
sooft (sooft ich kann ...)
so oft (Ich habe das Buch so oft gelesen, dass ...)
der **Sopran**, die Soprane
die **Sorge**, die Sorgen
sich **sorgen**, du sorgst dich
sorgfältig
die **Sorte**, die Sorten

A B C D E F G H I J K L M N O P Q R S T U V W X Y Z

sortieren, du sortierst
SOS
die **Soße**, auch: die Sauce, die Soßen
der **Sound** (sprich: saund), die Sounds
das **Souvenir** (sprich: ssuweniir), die Souvenirs (Erinnerungsstück)
soviel (soviel ich weiß, ...)
so viel (so viel Spaß)
soweit (soweit ich weiß, ...)
so weit (Der Weg ist so weit.)
sowieso
sowohl
sozial

Spa

der **Spagat**, auch: das Spagat
die **Spaghetti**, auch: die Spagetti
spähen, du spähst
die **Spalte**, auch: der Spalt, die Spalten
spalten, du spaltest
der **Span**, die Späne
die **Spange**, die Spangen
Spanien
der **Spanier**
die **Spanierin**, die Spanierinnen
spanisch
spannen, du spannst
spannend
die **Spannung**, die Spannungen
sparen, du sparst
der **Spargel**
die **Sparkasse**, die Sparkassen
spärlich
sparsam
der **Spaß**, die Späße
spaßig
der **Spaßvogel**, die Spaßvögel
spät

Spiegel

der **Spaten**
spätestens
der **Spatz**, die Spatzen
spazieren, du spazierst
spazieren gehen, du gehst spazieren, er ging spazieren, sie ist spazieren gegangen
der **Spaziergang**, die Spaziergänge

Spe

der **Specht**, die Spechte
der **Speck**
der **Speer**, die Speere
die **Speiche**, die Speichen
der **Speichel**
der **Speicher**
speichern, du speicherst
die **Speise**, die Speisen
die **Speisekarte**, die Speisekarten auch: die Speisenkarte
speisen, du speist

das **Spektakel**
die **Spende**, die Spenden
spenden, du spendest
spendieren, du spendierst
das **Sperma**, die Spermen, auch: die Spermata
sperren, du sperrst
der **Sperrmüll**
sich **spezialisieren**, du spezialisierst dich
der **Spezialist**, die Spezialisten
die **Spezialistin**, die Spezialistinnen
die **Spezialität**, die Spezialitäten
speziell

Spi

spicken, du spickst
der **Spickzettel**
der **Spiegel**
sich **spiegeln**, du spiegelst dich
das **Spiel**, die Spiele
spielen, du spielst
spielerisch
der **Spielfilm**, die Spielfilme
der **Spielplatz**, die Spielplätze
die **Spielsachen**
das **Spielzeug**
der **Spieß**, die Spieße
spießig
der **Spinat**
die **Spindel**, die Spindeln
spindeldürr
die **Spinne**, die Spinnen
der **Spion**, die Spione
die **Spionin**, die Spioninnen
die **Spirale**, die Spiralen
das **Spital**, die Spitäler
spitz
spitze
die **Spitze**, die Spitzen
spitzen, du spitzt
der **Spitzer**
der **Spitzname**, die Spitznamen

Spl

der **Splitter**

Spo

der **Sport**
der **Sportler**
die **Sportlerin**, die Sportlerinnen
sportlich
der **Sportplatz**, die Sportplätze
der **Sportverein**, die Sportvereine
der **Spot**, die Spots (ein Werbespot)
der **Spott**
spottbillig
spotten, du spottest

Spr

die **Sprache**, die Sprachen
der **Sprachfehler**
sprachlos
der **Spray** (sprich: spräi), auch: das Spray, die Sprays
sprechen, du sprichst, sie sprach, er hat gesprochen
sprengen, du sprengst
die **Spreu**
das **Sprichwort**, die Sprichwörter
sprießen, es sprießt, es spross, es ist gesprossen
der **Springbrunnen**
springen, du springst, er sprang, sie ist gesprungen
der **Sprit**
die **Spritze**, die Spritzen
spritzen, du spritzt
der **Spross**, die Sprossen (Pflanzenspross)

die **Sprosse**, die Sprossen (Sprossen der Leiter)
der **Spruch**, die Sprüche
der **Sprudel**
sprudeln, es sprudelt
sprühen, du sprühst
der **Sprung**, die Sprünge
das **Sprungbrett**, die Sprungbretter
die **Sprungschanze**, die Sprungschanzen
das **Sprungtuch**, die Sprungtücher

Spu

die **Spucke**
spucken, du spuckst (Kirschkerne spucken)
der **Spuk**
spuken, es spukt (Das Gespenst spukt.)
die **Spukgeschichte**, die Spukgeschichten
die **Spüle**, die Spülen
spülen, du spülst
die **Spülmaschine**, die Spülmaschinen
die **Spur**, die Spuren
spüren, du spürst
spurlos

Sta

der **Staat**, die Staaten
staatlich
der **Stab**, die Stäbe
der **Stabhochsprung**
stabil
der **Stachel**, die Stacheln
die **Stachelbeere**, die Stachelbeeren
stachlig, auch: stachelig
das **Stadion**, die Stadien
die **Stadt**, die Städte
die **Stadtbücherei**, die Stadtbüchereien
städtisch
der **Stadtplan**, die Stadtpläne
die **Staffel**, die Staffeln
die **Staffelei**, die Staffeleien
der **Staffellauf**, die Staffelläufe
der **Stahl**, die Stähle (hart wie Stahl)
der **Stall**, die Ställe (ein Kuhstall)
der **Stamm**, die Stämme
der **Stammbaum**, die Stammbäume
stammeln, du stammelst
stampfen, du stampfst
der **Stand**, die Stände
der **Ständer**
das **Standesamt**, die Standesämter
ständig
die **Stange**, die Stangen
der **Stängel**
stänkern, du stänkerst
der **Stapel**
stapeln, du stapelst
stapfen, du stapfst
der **Star**, die Stare (der Vogel)
der **Star**, die Stars (der Filmstar)
stark, stärker, am stärksten
starr
starren, du starrst
der **Start**, die Starts
starten, du startest
der **Startschuss**, die Startschüsse
die **Station**, die Stationen
statt
stattdessen
stattfinden, es findet statt, es fand statt, es hat stattgefunden
die **Statue**, die Statuen

der **Stau**, die Staus, auch: die Staue
der **Staub**
staubig
der **Staubsauger**
die **Staude**, die Stauden
staunen, du staunst

Ste

das **Steak** (sprich: stäik), die Steaks
stechen, du stichst, er stach, sie hat gestochen
die **Stechmücke**, die Stechmücken
der **Steckbrief**, die Steckbriefe
die **Steckdose, die Steckdosen**
stecken, du steckst
der **Stecker**
die **Stecknadel**, die Stecknadeln
der **Steg**, die Stege
stehen, du stehst, sie stand, er hat gestanden

Statue

die **Stehlampe**, die Stehlampen
stehlen, du stiehlst, er stahl, sie hat gestohlen
der **Stehplatz**, die Stehplätze
steif
steigen, du steigst, sie stieg, er ist gestiegen
steigern, du steigerst
die **Steigerung**, die Steigerungen
steil
der **Stein**, die Steine
der **Steinbruch**, die Steinbrüche
steinig
die **Steinzeit**
die **Stelle**, die Stellen
stellen, du stellst
der **Stellvertreter**
die **Stellvertreterin**, die Stellvertreterinnen
die **Stelze**, die Stelzen
stemmen, du stemmst
der **Stempel**
das **Stempelkissen**
stempeln, du stempelst
die **Steppe**, die Steppen
steppen, du steppst
sterben, du stirbst, er starb, sie ist gestorben
sterblich
die **Stereoanlage**, die Stereoanlagen
der **Stern**, die Sterne
der **Sternenhimmel**
die **Sternschnuppe**, die Sternschnuppen
das **Stethoskop**, die Stethoskope
stetig
stets
das **Steuer** (das Steuer des Autos)

die **Steuer**, die Steuern (Steuern zahlen)
der **Steuermann**, die Steuermänner
das **Steuerrad**, die Steuerräder
steuern, du steuerst
der **Steward** (sprich: stjuart), die Stewards
die **Stewardess** (sprich: stjuardess), die Stewardessen

Sti

der **Stich**, die Stiche
das **Stichwort**, die Stichwörter
sticken, du stickst
der **Sticker**
stickig
der **Stiefel**
die **Stiefmutter**, die Stiefmütter
der **Stiefvater**, die Stiefväter
der **Stiel**, die Stiele (Besenstiel)
der **Stier**, die Stiere
der **Stift**, die Stifte
der **Stil**, die Stile
still
stillen, sie stillt (das Baby)
der **Stille Ozean**
die **Stimme**, die Stimmen
stimmen, es stimmt
die **Stimmgabel**, die Stimmgabeln
stinken, es stinkt, es stank, es hat gestunken
stinkfaul
die **Stirn**, auch: die Stirne, die Stirnen
das **Stirnband**, die Stirnbänder

Sto

stöbern, du stöberst
der **Stock**, die Stöcke (Holzstock)
der **Stock**, auch: das Stockwerk, die Stockwerke
stockdunkel
stocken, er stockt
der **Stoff**, die Stoffe
stöhnen, du stöhnst
stolpern, du stolperst
der **Stolz**
stolz
stolzieren, du stolzierst
STOP (auf Verkehrsschildern)
stopfen, du stopfst
die **Stoppel**, die Stoppeln
stoppen, du stoppst
die **Stoppuhr**, die Stoppuhren
der **Stöpsel**
der **Storch**, die Störche
das **Storchennest**, die Storchennester
stören, du störst
der **Störenfried**, die Störenfriede
die **Störung**, die Störungen
die **Story**, die Storys (Geschichte)
der **Stoßdämpfer**
stoßen, du stößt, sie stieß, er hat gestoßen
stottern, du stotterst

Str

die **Strafe**, die Strafen
straff
der **Strafstoß**, die Strafstöße
der **Strafzettel**
der **Strahl**, die Strahlen
strahlen, du strahlst
die **Strähne**, die Strähnen
stramm
strampeln, du strampelst
der **Strand**, die Strände
die **Strapaze**, die Strapazen
die **Straße**, die Straßen
die **Straßenbahn**, die Straßenbahnen

die **Straßenkreuzung**, die Straßenkreuzungen
der **Straßenverkehr**
die **Strategie**, die Strategien
sich **sträuben**, du sträubst dich
der **Strauch**, die Sträucher
straucheln, du strauchelst
der **Strauß**, die Sträuße (Blumenstrauß)
der **Strauß**, die Strauße (Vogel)
strebsam
die **Strecke**, die Strecken
sich **strecken**, du streckst dich
der **Streetball** (sprich: striitbool) (Basketball auf der Straße)
der **Streich**, die Streiche
streicheln, du streichelst
der **Streichelzoo**, die Streichelzoos
streichen, du streichst, er strich, sie hat gestrichen
das **Streichholz**, die Streichhölzer
streifen, du streifst
der **Streifen**
der **Streik**, die Streiks
streiken, du streikst
der **Streit**, die Streite
streiten, du streitest, sie stritt, er hat gestritten
streng
der **Stress**
stressig
streuen, du streust
streunen, du streunst
der **Streuselkuchen**
der **Strich**, die Striche
stricheln, du strichelst
der **Strichpunkt**, die Strichpunkte
der **Strick**, die Stricke
stricken, du strickst
die **Strickleiter**, die Strickleitern
das **Stroh**
der **Strohhalm**, die Strohhalme
der **Strolch**, die Strolche
der **Strom**, die Ströme
der **Stromkreis**, die Stromkreise
die **Strömung**, die Strömungen
die **Strophe**, die Strophen
der **Strudel**
der **Strumpf**, die Strümpfe
die **Strumpfhose**, die Strumpfhosen
struppig

Stu

die **Stube**, die Stuben
das **Stück**, die Stücke
der **Student**, die Studenten
die **Studentin**, die Studentinnen
studieren, du studierst
das **Studio**, die Studios
das **Studium**
die **Stufe**, die Stufen
der **Stuhl**, die Stühle
stumm
stumpf
die **Stunde**, die Stunden
die **Stundenkilometer**
stundenlang
das **Stuntgirl** (sprich: stantgörl), die Stuntgirls (beim Film)
der **Stuntman** (sprich: stantmän), die Stuntmen (beim Film)
stupsen, du stupst
stur
der **Sturm**, die Stürme
stürmen, du stürmst
stürmisch
der **Sturz**, die Stürze

stürzen, du stürzt
der **Sturzhelm**, die Sturzhelme
die **Stute**, die Stuten
stutzen, du stutzt
stützen, du stützt
die **Stütze**, die Stützen
stutzig

Sty

das **Styropor**

Su

das **Subjekt**, die Subjekte
das **Substantiv**, die Substantive
subtrahieren, du subtrahierst
die **Subtraktion**, die Subtraktionen
die **Suche**, die Suchen
suchen, du suchst
die **Sucht**, die Süchte
süchtig
der **Süden**
südlich
der **Südpol**
die **Sülze**, die Sülzen
die **Summe**, die Summen
summen, du summst
der **Sumpf**, die Sümpfe
die **Sünde**, die Sünden
sündigen, du sündigst
super
der **Supermarkt**, die Supermärkte
die **Suppe**, die Suppen
die **Suppennudel**, die Suppennudeln
das **Surfbrett** (sprich: sörfbrett), die Surfbretter
der **Surfer**
die **Surferin**, die Surferinnen
surfen (sprich: sörfen), du surfst
surren, du surrst
süß
Süßes
die **Süßigkeit**, die Süßigkeiten

Sw

das **Sweatshirt** (sprich: swettschört), die Sweatshirts (Pullover)
der **Swimmingpool**, die Swimmingpools

Sy

das **Symbol**, die Symbole
symbolisch
die **Symmetrie**, die Symmetrien
symmetrisch
die **Sympathie**, die Sympathien
sympathisch
die **Synagoge**, die Synagogen (jüdisches Gotteshaus)
das **System**, die Systeme
systematisch

Sz

die **Szene**, die Szenen

Surfer

T

t (Abkürzung für Tonne)

Ta

der **Tabak**
die **Tabelle**, die Tabellen
tabellarisch
das **Tablett**, die Tabletts, auch: die Tablette (auf dem Tablett tragen)
die **Tablette**, die Tabletten (eine Tablette nehmen)
der **Tacho** (Abkürzung für Tachometer), die Tachos
der **Tadel**
tadeln, du tadelst
die **Tafel**, die Tafeln
der **Tag**, die Tage
tagelang
die **Tagesmutter**, die Tagesmütter
die **Tageszeit**, die Tageszeiten
täglich
tagsüber
der **Takt**, die Takte
die **Taktik**, die Taktiken
taktisch
das **Tal**, die Täler
das **Talent**, die Talente
der **Talisman**, die Talismane
der **Talkmaster** (sprich: tokmaster)
die **Talkmasterin** (sprich: tokmasterin), die Talkmasterinnen
die **Talkshow** (sprich: tokschou), die Talkshows (Fernsehsendung)
das **Tamburin**, die Tamburine
das **Tandem**, die Tandems
der **Tank**, die Tanks
tanken, du tankst
die **Tankstelle**, die Tankstellen
der **Tankwart**, die Tankwarte
die **Tanne**, die Tannen
die **Tante**, die Tanten
der **Tanz**, die Tänze
tanzen, du tanzt
der **Tänzer**
die **Tänzerin**, die Tänzerinnen
die **Tapete**, die Tapeten
tapezieren, du tapezierst
tapfer
die **Tapferkeit**
sich **tarnen**, du tarnst dich
die **Tarnung**, die Tarnungen
die **Tasche**, die Taschen
der **Taschenrechner**
das **Taschentuch**, die Taschentücher
die **Tasse**, die Tassen
die **Tastatur**, die Tastaturen
die **Taste**, die Tasten
tasten, du tastest
die **Tat**, die Taten
tätig
die **Tätigkeit**, die Tätigkeiten
das **Tätigkeitswort**, die Tätigkeitswörter
die **Tatsache**, die Tatsachen
tatsächlich
das **Tattoo** (sprich: tatuu), die Tattoos (Tätowierung)
die **Tatze**, die Tatzen
der **Tau** (Morgentau)

das **Tau**, die Taue (dickes Seil)
taub
die **Taube**, die Tauben
tauchen, du tauchst
der **Taucher**
die **Taucherin**, die Taucherinnen
der **Taucheranzug**, die Taucheranzüge
tauen, es taut
die **Taufe**, die Taufen
taufen, du wirst getauft
taugen, das taugt etwas
tauschen, du tauschst
täuschen, du täuschst
tausend
das **Tauwetter**
das **Tauziehen**
das **Taxi**, die Taxis

Te

das **Team** (sprich: tiim), die Teams (Arbeitsgruppe, Mannschaft)
die **Technik**, die Techniken
der **Techniker**
die **Technikerin**, die Technikerinnen
der **Techno** (sprich: tekno), auch: das Techno (Musikrichtung)
der **Teddy**, die Teddys
der **Tee**, die Tees
der **Teenager** (sprich: tiinäidscher) (Jugendlicher)
der **Teer**
der **Teich**, die Teiche (der Fischteich)
der **Teig**, die Teige (der Brotteig)
der **Teil**, auch: das Teil, die Teile
teilen, du teilst
der **Teilnehmer**
die **Teilnehmerin**, die Teilnehmerinnen
teilweise
das **Telefax**, die Telefaxe
das **Telefon**, die Telefone
telefonieren, du telefonierst
das **Telegramm**, die Telegramme
der **Teller**
der **Tempel**
das **Temperament**, die Temperamente
die **Temperatur**, die Temperaturen
das **Tempo**, die Tempos, auch: die Tempi
das **Tennis**
der **Teppich**, die Teppiche
der **Termin**, die Termine
das **Terrarium**, die Terrarien
die **Terrasse**, die Terrassen
der **Terror**
der **Test**, die Tests, auch: die Teste
das **Testament**, die Testamente
testen, du testest
teuer
der **Teufel**
teuflisch
der **Text**, die Texte

Th

das **Theater**
die **Theke**, die Theken
das **Thema**, die Themen, auch: die Themata
die **Theorie**, die Theorien
theoretisch
die **Therapie**, die Therapien
das **Thermometer**
der **Thermostat**, die Thermostate
der **Thron**, die Throne
der **Thunfisch**, auch: der Tunfisch, die Thunfische
Thüringen

Ti

der **Tick**, die Ticks
ticken, es tickt
das **Ticket**, die Tickets
tief
tiefgekühlt
das **Tier**, die Tiere
der **Tierarzt**, die Tierärzte
die **Tierärztin**, die Tierärztinnen
der **Tiger**
die **Tinte**, die Tinten
der **Tintenfisch**, die Tintenfische
der **Tipp**, die Tipps
tippen, du tippst
der **Tippfehler**
tipptopp
der **Tisch**, die Tische
die **Tischdecke**, die Tischdecken
das **Tischtennis**
der **Titel**

Tourist

To

der **Toast** (sprich: toust), die Toasts, auch: die Toaste (Geröstetes Brot)
toben, du tobst
die **Tochter**, die Töchter
der **Tod**, die Tode
tödlich
die **Toilette**, die Toiletten
tolerant
toll
der **Tollpatsch**, die Tollpatsche
die **Tollwut** (Krankheit)
die **Tomate**, die Tomaten
die **Tombola**, die Tombolas
der **Ton** (Lehmart)
der **Ton**, die Töne (Laut, auch: Farbton)
tönen, es tönt
die **Tonne**, die Tonnen
der **Topf**, die Töpfe
topfit
der **Tor**, die Toren (der Narr im Märchen)
das **Tor**, die Tore (ein Tor schießen)
der **Torf**
torkeln, du torkelst
der **Tornado**, die Tornados
die **Torte**, die Torten
der **Torwart**, die Torwarte
tot
total
totenblass
totenstill
sich **totlachen**, du lachst dich tot
totsicher
die **Tour**, die Touren
der **Tourist**, die Touristen
die **Touristin**, die Touristinnen

Tr

der **Trab**
traben, du trabst
die **Tracht**, die Trachten
die **Tradition**, die Traditionen
träg, auch: träge
die **Trage**, die Tragen
tragen, du trägst, er trug, sie hat getragen
tragisch
der **Trainer** (sprich: träner)
die **Trainerin** (sprich: tränerin), die Trainerinnen
trainieren (sprich: träniiren), du trainierst
das **Training** (sprich: träning), die Trainings
der **Traktor**, die Traktoren, auch: der Trecker
die **Tram**, die Trams auch: die Trambahn, die Trambahnen
trampeln, du trampelst
trampen (sprich: trämpen), du trampst (per Anhalter fahren)
das **Trampolin**, die Trampoline
die **Träne**, die Tränen
transportieren, du transportierst
die **Traube**, die Trauben
der **Traubenzucker**
sich **trauen**, du traust dich
die **Trauer**
trauern, du trauerst
der **Traum**, die Träume
träumen, du träumst
traurig
die **Traurigkeit**
die **Trauung**, die Trauungen
der **Trecker**, auch: der Traktor, die Traktoren
treffen, du triffst, sie traf, er hat getroffen
der **Treffer**
der **Treffpunkt**, die Treffpunkte
treiben, du treibst, er trieb, sie hat getrieben
trennen, du trennst
die **Treppe**, die Treppen
das **Treppengeländer**
der **Tresor**, die Tresore
treten, du trittst, sie trat, er hat getreten
der **Tretroller**
treu
die **Treue**
der **Triangel**, auch: die Triangel
die **Tribüne**, die Tribünen
der **Trichter**
der **Trick**, die Tricks
tricksen, du trickst
der **Trieb**, die Triebe
triefen, du triefst
das **Trikot**, die Trikots
trillern, du trillerst
der **Trimm-dich-Pfad**, die Trimm-dich-Pfade
trinken, du trinkst, sie trank, er hat getrunken
das **Trinkwasser**
trippeln, du trippelst
trist
der **Tritt**, die Tritte
der **Triumph**, die Triumphe
triumphieren, du triumphierst
trocken
trocknen, du trocknest

trödeln, du trödelst
der **Trog**, die Tröge
die **Trommel**, die Trommeln
trommeln, du trommelst
die **Trompete**, die Trompeten
tröpfeln, es tröpfelt
tropfen, es tropft
der **Tropfen**
tropfnass
die **Tropfsteinhöhle**, die Tropfsteinhöhlen
der **Trost**
trösten, du tröstest
trostlos
der **Trottel**
trotten, du trottest
der **Trotz**
trotz
trotzdem
trüb, auch: trübe
der **Trubel**
die **Truhe**, die Truhen
die **Trümmer**
der **Trumpf**, die Trümpfe
die **Truppe**, die Truppen
der **Truthahn**, die Truthähne

Ts

tschau!, auch: ciao!
die **Tschechische Republik**
tschüs, auch: tschüss
das **T-Shirt** (sprich: tiischört), die T-Shirts

Tu

die **Tube**, die Tuben
das **Tuch**, die Tücher
tüchtig
die **Tücke**, die Tücken
tückisch
die **Tüftelei**, die Tüfteleien
tüfteln, du tüftelst
die **Tulpe**, die Tulpen
sich **tummeln**, du tummelst dich
der **Tumor**, die Tumoren
der **Tümpel**
der **Tumult**, die Tumulte
tun, du tust, er tat, sie hat getan
der **Tuner** (sprich: tjuner) (Kanalwähler)
der **Tunfisch**, auch: der Thunfisch, die Tunfische
tunken, du tunkst
der **Tunnel**, die Tunnel, auch: die Tunnels
die **Tür**, die Türen
der **Turban**, die Turbane
turbulent
der **Türke**, die Türken
die **Türkei**
die **Türkin**, die Türkinnen
türkis
türkisch
die **Türklinke**, die Türklinken
der **Turm**, die Türme
turnen, du turnst
der **Turner**
die **Turnerin**, die Turnerinnen
das **Turnier**, die Turniere
der **Turnschuh**, die Turnschuhe
das **Turnzeug**
die **Tusche**, die Tuschen
tuscheln, du tuschelst
die **Tüte**, die Tüten
tuten, du tutest

Ty

der **Typ**, die Typen
typisch

Ub

die **U-Bahn**, die U-Bahnen
übel
die **Übelkeit**
üben, du übst
über
überall
der **Überblick**
überdurchschnittlich
übereinander
überfahren, du überfährst, er überfuhr, sie hat überfahren
der **Überfall**, die Überfälle
überfallen, du überfällst, sie überfiel, er hat überfallen
überflüssig
übergeben, du übergibst, er übergab, sie hat übergeben
übergeschnappt
das **Übergewicht**
überhaupt
überheblich
überholen, du überholst
überlegen, du überlegst
überlisten, du überlistest
übermorgen
übermüdet
übermütig
übernachten, du übernachtest
übernehmen, du übernimmst, sie übernahm, er hat übernommen
überprüfen, du überprüfst
überqueren, du überquerst
überraschen, du überraschst
überrascht
die **Überraschung**, die Überraschungen
überreden, du überredest
die **Überschrift**, die Überschriften
der **Überschwang**
überschwänglich
die **Überschwemmung**, die Überschwemmungen
übersehen, du übersiehst, sie übersah, er hat übersehen
übersetzen, du übersetzt einen Text
die **Übersetzung**, die Übersetzungen
übersichtlich
die **Überstunde**, die Überstunden
übertreiben, du übertreibst, sie übertrieb, er hat übertrieben
die **Übertreibung**, die Übertreibungen
übertreten, du übertrittst, er übertrat, sie hat übertreten
überwinden, du überwindest, sie überwand, er hat überwunden
die **Überwindung**
überzeugen, du überzeugst
die **Überzeugung**, die Überzeugungen
üblich
das **U-Boot**, die U-Boote
übrig
übrigens
die **Übung**, die Übungen

Uf

das **Ufer**
das **Ufo**, die Ufos

A B C D E F G H I J K L M N O P Q R S T U V W X Y Z

Uh
die **Uhr**, die Uhren
die **Uhrzeit**, die Uhrzeiten
der **Uhu**, die Uhus

Ul
ulkig

Uhr

Um
um
umarmen, du umarmst
umblättern, du blätterst um
umdrehen, du drehst dich um
umfallen, du fällst um,
sie fiel um, er ist umgefallen
der **Umfang**, die Umfänge
umfangreich
die **Umfrage**, die Umfragen
die **Umgebung**, die Umgebungen
umgekehrt
der **Umhang**, die Umhänge
umher
umkehren, du kehrst um
umkippen, du kippst um
der **Umlaut**, die Umlaute
die **Umleitung**, die Umleitungen
der **Umriss**, die Umrisse
der **Umschlag**, die Umschläge
umschulen, du schulst um
umso
umsonst
umständlich
umtauschen, du tauschst um
der **Umweg**, die Umwege
die **Umwelt**
umweltfreundlich
der **Umweltschutz**
umziehen, du ziehst um,
sie zog um, er ist umgezogen
der **Umzug**, die Umzüge

Un
unabhängig
unangenehm
unauffällig
unaufmerksam
unausstehlich
unbarmherzig
unbedingt
unbekannt
unbeliebt
unbequem
und
undankbar
undeutlich
unendlich
unentwegt
unerwartet
unfähig
unfair (sprich: unfär) (ungerecht)
der **Unfall**, die Unfälle
der **Unfug**
ungarisch

Ungarn
ungeduldig
ungefähr
das **Ungeheuer**
ungerade
ungeschickt
ungestüm
ungesund
ungewiss
ungewöhnlich
das **Ungeziefer**
ungezogen
unglaublich
das **Unglück**, die Unglücksfälle
unglücklich
unheimlich
die **Uniform**, die Uniformen
die **Universität**, die Universitäten
unklar
unkonzentriert
das **Unkraut**
unlogisch
unmöglich
das **Unrecht**
unruhig
uns, unser, unsere
unschuldig
unsicher
der **Unsinn**
unten
unter
die **Unterbrechung**, die Unterbrechungen
unterdessen
untereinander
untergehen, du gehst unter, er ging unter, sie ist untergegangen

sich **unterhalten**, du unterhältst dich, sie unterhielt sich, er hat sich unterhalten
der **Unterkiefer**
der **Unterricht**
unterrichten, du unterrichtest
unterscheiden, du unterscheidest, er unterschied, sie hat unterschieden
der **Unterschied**, die Unterschiede
die **Unterschrift**, die Unterschriften
untersuchen, du untersuchst
die **Unterwäsche**
unterwegs
unverschämt
unwesentlich
das **Unwetter**
unzählig

Ur

uralt
der **Urenkel**
die **Urenkelin**, die Urenkelinnen
die **Urgroßeltern**
der **Urin**
die **Urkunde**, die Urkunden
der **Urlaub**, die Urlaube
die **Ursache**, die Ursachen
der **Ursprung**, die Ursprünge
das **Urteil**, die Urteile
urteilen, du urteilst
der **Urwald**, die Urwälder
die **Urzeit**, die Urzeiten

Us

USA (Abkürzung für United States of America)

Uv

die **UV-Strahlen** (UV = ultraviolett)

Va

vage
die **Vagina**, die Vaginen
der **Vampir**, die Vampire
die **Vanille**
die **Vase**, die Vasen
der **Vater**, die Väter
das **Vaterunser**

Ve

der **Vegetarier**
die **Vegetarierin**, die Vegetarierinnen
vegetarisch
das **Veilchen**
die **Vene**, die Venen
das **Ventil**, die Ventile
der **Ventilator**, die Ventilatoren

Ver

sich **verabreden**, du verabredest dich
die **Verabredung**, die Verabredungen
sich **verabschieden**, du verabschiedest dich
verachten, du verachtest
die **Verachtung**
die **Veranda**, die Veranden
veranstalten, du veranstaltest
die **Veranstaltung**, die Veranstaltungen
verantwortlich
das **Verb**, die Verben
der **Verband**, die Verbände
der **Verbandskasten**, die Verbandskästen
verbergen, du verbirgst, er verbarg, sie hat verborgen
verbessern, du verbesserst
verbieten, du verbietest, sie verbot, er hat verboten
verbinden, du verbindest, er verband, sie hat verbunden
verblüfft
das **Verbot**, die Verbote
verbrauchen, du verbrauchst
verbraucht
das **Verbrechen**
verbrennen, es verbrennt, es verbrannte, es ist verbrannt
der **Verdacht**
verdächtig
verdächtigen, du verdächtigst
verdammt
verdauen, du verdaust
die **Verdauung**
verderben, es verdirbt, es verdarb, es ist verdorben, sie hat verdorben
verdienen, du verdienst
der **Verdienst**, die Verdienste
verdoppeln, du verdoppelst
verdorben
verdorrt
verdunkeln, du verdunkelst
verdunsten, es verdunstet
die **Verdunstung**, die Verdunstungen
verdutzt
der **Verein**, die Vereine
vereinbaren, du vereinbarst
die **Vereinbarung**, die Vereinbarungen
verflixt
verfolgen, du verfolgst

A B C D E F G H I J K L M N O P Q R S T U V W X Y Z

die **Verfolgung**, die Verfolgungen
die **Vergangenheit**
vergeben, du vergibst, sie vergab, er hat vergeben
vergebens
vergeblich
vergessen, du vergisst, er vergaß, sie hat vergessen
vergesslich
vergeuden, du vergeudest
das **Vergissmeinnicht**
vergleichen, du vergleichst, sie verglich, er hat verglichen
das **Vergnügen**
vergnügt
die **Vergrößerung**, die Vergrößerungen
verhaften, er wird verhaftet
sich **verhalten**, du verhältst dich, sie verhielt sich, er hat sich verhalten
das **Verhältniswort**, die Verhältniswörter
verheimlichen, du verheimlichst
verheiratet
verhext
verhindern, du verhinderst
verhungern, du verhungerst
sich **verirren**, du verirrst dich
verkaufen, du verkaufst
der **Verkäufer**
die **Verkäuferin**, die Verkäuferinnen
der **Verkehr**
das **Verkehrschaos**
das **Verkehrsschild**, die Verkehrsschilder
der **Verkehrsunfall**, die Verkehrsunfälle
das **Verkehrszeichen**
verkehrt
sich **verkleiden**, du verkleidest dich
verkrampft
der **Verlag**, die Verlage
verlangen, du verlangst
verlassen, du verlässt, sie verließ, er hat verlassen
sich **verlaufen**, du verläufst dich, er verlief sich, sie hat sich verlaufen
die **Verlegenheit**, die Verlegenheiten
verlegen
verleihen, du verleihst, sie verlieh, er hat verliehen
verletzen, du verletzt
sich **verletzen**, du verletzt dich
verletzt
die **Verletzung**, die Verletzungen
sich **verlieben**, du verliebst dich
verliebt
verlieren, du verlierst, er verlor, sie hat verloren
das **Verlies**, die Verliese
die **Verlobung**, die Verlobungen
sich **verloben**, du hast dich verlobt
verloren
die **Verlosung**, die Verlosungen
der **Verlust**, die Verluste
die **Vermehrung**
vermeiden, du vermeidest, sie vermied, er hat vermieden
vermieten, du vermietest
vermissen, du vermisst
das **Vermögen**
vermuten, du vermutest
vermutlich
die **Vermutung**, die Vermutungen

Ver

vernachlässigen, du vernachlässigst
vernünftig
verpacken, du verpackst
die **Verpackung**, die Verpackungen
verpassen, du verpasst
verpetzen, du verpetzt
verpflegen, du verpflegst
die **Verpflichtung**, die Verpflichtungen
der **Verputz**
der **Verrat**
verraten, du verrätst, er verriet, sie hat verraten
sich **verrechnen**, du verrechnest dich
verreisen, du verreist
verrenken, du verrenkst
verrückt
der **Vers**, die Verse (Verse im Gedicht)
versagen, du versagst
die **Versammlung**, die Versammlungen
der **Versand**
versäumen, du versäumst
das **Versäumnis**, die Versäumnisse
verschenken, du verschenkst
verscheuchen, du verscheuchst
verschieden
verschlafen, du verschläfst, sie verschlief, er hat verschlafen
verschließen, du verschließt, er verschloss
der **Verschluss**, die Verschlüsse
verschollen
verschwenden, du verschwendest
die **Verschwendung**
verschwiegen
verschwinden, du verschwindest, sie verschwand, er ist verschwunden
versehentlich
die **Versetzung**, die Versetzungen
die **Versicherung**, die Versicherungen
sich **versöhnen**, du versöhnst dich
versorgen, du versorgst
verspätet
die **Verspätung**, die Verspätungen
versprechen, du versprichst, er versprach, sie hat versprochen
der **Verstand**
verständlich
das **Verständnis**
verstauchen, du verstauchst
verstaucht
das **Versteck**, die Verstecke
verstecken, du versteckst
verstehen, du verstehst, sie verstand, er hat verstanden
versuchen, du versuchst
vertauschen, du vertauschst
verteidigen, du verteidigst
die **Verteidigung**
der **Vertrag**, die Verträge
sich **vertragen**, du verträgst dich, er vertrug sich, sie hat sich vertragen
vertrauen, du vertraust
vertraulich
verträumt
der **Vertreter**
die **Vertreterin**, die Vertreterinnen
verursachen, du verursachst
verurteilen, du verurteilst
vervielfachen, du vervielfachst

sich **verwandeln**, du verwandelst dich
die **Verwandlung**, die Verwandlungen
verwandt
der **Verwandte**, die Verwandten
die **Verwandte**, die Verwandten
die **Verwandtschaft**
verwechseln, du verwechselst
der **Verweis**, die Verweise
verwelken, sie verwelkt
verwirrt
verwöhnen, du verwöhnst
verwundert
verzaubern, du verzauberst
verzaubert
verzehren, du verzehrst
das **Verzeichnis**, die Verzeichnisse
verzeihen, du verzeihst,
er verzieh, sie hat verziehen
verzichten, du verzichtest
verzieren, du verzierst
verziert
verzweifeln, du verzweifelst
die **Verzweiflung**, die Verzweiflungen
verzwickt
der **Vetter**, die Vettern

Vi

das **Video**, die Videos
der **Videoclip**, die Videoclips
der **Videorekorder**,
auch: der Videorecorder
die **Videothek**, die Videotheken
das **Vieh**
viel, mehr, am meisten
vielfach
vielleicht
vier, viermal
das **Viereck**, die Vierecke
das **Viertel**
vierzehn
vierzig
die **Villa**, die Villen
violett
die **Violine**, die Violinen
die **Viper**, die Vipern
der **Virus**, auch: das Virus, die Viren
das **Visum**, die Visa, auch: die Visen
vital
das **Vitamin**, die Vitamine

Vo

der **Vogel**, die Vögel
die **Vokabel**, die Vokabeln
der **Vokal**, die Vokale
das **Volk**, die Völker
voll, voller, am vollsten
das **Vollbad**, die Vollbäder
die **Vollbremsung**,
die Vollbremsungen
der **Volleyball**, die Volleybälle
völlig

Vogel

vollkommen
das **Vollkornbrot**, die Vollkornbrote
das **Vollkornbrötchen**
vollständig
voltigieren (sprich: woltischiiren), du voltigierst (auf dem Pferd turnen)
vom (von dem)
von
voneinander

Vor

vor
voran
voraus
voraussichtlich
vorbei
vorbeikommen, du kommst vorbei, er kam vorbei, sie ist vorbeigekommen
vorbereiten, du bereitest vor
das **Vorbild**, die Vorbilder
voreinander
vorerst
der **Vorfahr**, auch: der Vorfahre, die Vorfahren
die **Vorfahrin**, die Vorfahrinnen
die **Vorfahrt**
der **Vorfall**, die Vorfälle
vorgestern
vorhanden
der **Vorhang**, die Vorhänge
vorher
vorhersagen, du sagst vorher
vorhin
vorige, voriger
vorkommen, es kommt vor, es kam vor, es ist vorgekommen
vorläufig
vorlaut
vorlesen, du liest vor, sie las vor, er hat vorgelesen
vormachen, du machst vor
der **Vormittag**, die Vormittage
vormittags
vorn, auch: vorne
der **Vorname**, die Vornamen
vornehm
sich **vornehmen**, du nimmst dir vor, er nahm sich vor, sie hat sich vorgenommen
der **Vorort**, die Vororte
der **Vorrat**, die Vorräte
vorsagen, du sagst vor
der **Vorsatz**, die Vorsätze
der **Vorschlag**, die Vorschläge
vorschlagen, du schlägst vor, sie schlug vor, er hat vorgeschlagen
die **Vorschrift**, die Vorschriften
die **Vorsicht**
vorsichtig
die **Vorsilbe**, die Vorsilben
der **Vorsprung**, die Vorsprünge
der **Vorstand**, die Vorstände
vorstellen, du stellst vor
die **Vorstellung**, die Vorstellungen
der **Vorteil**, die Vorteile
der **Vortrag**, die Vorträge
vorüber
das **Vorurteil**, die Vorurteile
die **Vorwahl**, die Vorwahlen
vorwärts
vorwiegend
der **Vorwurf**, die Vorwürfe
der **Vorzug**, die Vorzüge

Vu

der **Vulkan**, die Vulkane

Wa

die **Waage**, die Waagen

waagrecht, auch: waagerecht

wabbelig

die **Wabe**, die Waben

wach

wachen, du wachst

das **Wachs**

wachsam

die **Wachsamkeit**

wachsen, du wächst, er wuchs, sie ist gewachsen

der **Wachsmalstift**, die Wachsmalstifte

das **Wachstum**

wacklig, auch: wackelig

wackeln, du wackelst

der **Wackelpudding**, die Wackelpuddinge, auch: die Wackelpuddings

die **Wade**, die Waden

der **Wadenkrampf**, die Wadenkrämpfe

der **Wadenmuskel**, die Wadenmuskeln

die **Waffe**, die Waffen

die **Waffel**, die Waffeln

das **Waffeleisen**

wagen, du wagst

der **Wagen**

der **Waggon**, auch: der Wagon, die Waggons

waghalsig

das **Wagnis**

die **Wahl**, die Wahlen (Klassensprecherwahl)

wählen, du wählst

der **Wahnsinn**

wahnsinnig

wahr (Die Geschichte ist wahr.)

während

die **Wahrheit**, die Wahrheiten

wahrnehmen, du nimmst wahr, er nahm wahr, sie hat wahrgenommen

wahrscheinlich

die **Währung**, die Währungen

das **Wahrzeichen**

die **Waise**, die Waisen

der **Wal**, die Wale (Der Wal ist ein Säugetier.)

der **Wald**, die Wälder

die **Waldlichtung**, die Waldlichtungen

das **Waldsterben**

der **Walkman** (sprich: wokmän), die Walkmans, auch: die Walkmen (tragbarer Rekorder mit Kopfhörer)

die **Walnuss**, die Walnüsse

das **Walross**, die Walrosse

die **Walze**, die Walzen

walzen, du walzt

wälzen, du wälzt

die **Wand**, die Wände

sich **wandeln**, du wandelst dich

der **Wanderer**

wandern, du wanderst

die **Wanderung**, die Wanderungen

die **Wange**, die Wangen

wanken, du wankst

wann

die **Wanne**, die Wannen

die **Wanze**, die Wanzen

das **Wappen**

ich **war** – sein (Ich war froh.)

die **Ware**, die Waren

ich **wäre** – sein

warm, wärmer, am wärmsten

die **Wärme**

das **Warndreieck**, die Warndreiecke

warnen, du warnst

die **Warnung**, die Warnungen

warten, du wartest

der **Wärter**

die **Wärterin**, die Wärterinnen

das **Wartezimmer**

warum

die **Warze**, die Warzen

was

die **Wäsche**

waschen, du wäschst, sie wusch, er hat gewaschen

der **Waschlappen**

die **Waschmaschine**, die Waschmaschinen

das **Wasser**

der **Wasserfall**, die Wasserfälle

der **Wasserhahn**, die Wasserhähne

die **Wasserleitung**, die Wasserleitungen

der **Wasserrohrbruch**, die Wasserrohrbrüche

die **Wasserschnecke**, die Wasserschnecken

waten, du watest

watscheln, du watschelst

das **Watt**

die **Watte**

das **Wattenmeer**

Wc

das **WC**, die WCs (Wasserklosett)

We

weben, du webst

das **Wechselgeld**, die Wechselgelder

wechseln, du wechselst

wecken, du weckst

der **Wecker**

wedeln, du wedelst

weder

weg

der **Weg**, die Wege

wegen

wegfahren, du fährst weg, sie fuhr weg, er ist weggefahren

weggehen, du gehst weg, er ging weg, sie ist weggegangen

weglaufen, du läufst weg, sie lief weg, er ist weggelaufen

wegnehmen, du nimmst weg, er nahm weg, sie hat weggenommen

der **Wegweiser**

wegwerfen, du wirfst weg, sie warf weg, er hat weggeworfen

weh (es tut weh)

wehen, er weht

der **Wehrdienst**

sich **wehren**, du wehrst dich

wehtun, es tut weh, es tat weh

weiblich

weich

die **Weiche**, die Weichen

weichen, du weichst, er wich, sie ist gewichen

die **Weide**, die Weiden

sich **weigern**, du weigerst dich

weihen
der **Weiher**
Weihnachten
der **Weihnachtsbaum**, die Weihnachtsbäume
der **Weihnachtsmann**, die Weihnachtsmänner
der **Weihrauch**
das **Weihwasser**
weil
die **Weile**
der **Wein**, die Weine
weinen, du weinst
die **Weinlese**, die Weinlesen
die **Weintraube**, die Weintrauben
weise (klug und weise)
die **Weisheit**, die Weisheiten
weiß (die Farbe)
weit
weiter
weiterfahren, du fährst weiter, sie fuhr weiter, er ist weitergefahren
weitergehen, du gehst weiter, er ging weiter, sie ist weitergegangen
weitersagen, du sagst weiter
der **Weitsprung**
der **Weizen**
das **Weizenmehl**
welch, welche, welcher, welches
welk
die **Welle**, die Wellen
der **Wellensittich**, die Wellensittiche
der **Welpe**, die Welpen
die **Welt**, die Welten
das **Weltall**
der **Weltmeister**
die **Weltmeisterin**, die Weltmeisterinnen
die **Weltmeisterschaft**, die Weltmeisterschaften
der **Weltraum**
wem
wen
die **Wende**, die Wenden
wenden, du wendest
wenig
wenigstens
wenn
wer, wem, wen
werben, du wirbst, sie warb, er hat geworben
die **Werbung**, die Werbungen
werden, du wirst, er wurde, sie ist geworden
werfen, du wirfst, sie warf, er hat geworfen
die **Werft**, die Werften
das **Werk**, die Werke
die **Werkstatt**, die Werkstätten
der **Werktag**, die Werktage
werktags
das **Werkzeug**, die Werkzeuge
die **Werkzeugfabrik**, die Werkzeugfabriken
wert
der **Wert**, die Werte
der **Wertstoff**, die Wertstoffe
wertvoll
wesentlich
die **Weser**
weshalb
die **Wespe**, die Wespen
wessen
die **Weste**, die Westen

Wikingerschiff

der **Westen**
der **Western**
westfälisch
westlich
die **Wette**, die Wetten
wetten, du wettest
das **Wetter**
der **Wetterbericht**, die Wetterberichte
die **Wetterstation**, die Wetterstationen
die **Wettervorhersage**, die Wettervorhersagen
der **Wettkampf**, die Wettkämpfe
das **Wettrennen**
wetzen, du wetzt

Wi

der **Wicht**, die Wichte
wichtig
wickeln, du wickelst
der **Widder**
wider (gegen)
widerlich
die **Widerrede**, die Widerreden
widersprechen, du widersprichst, sie widersprach, er hat widersprochen
wie
wieder (noch mal)
wiederholen, du wiederholst
auf **Wiedersehen**
die **Wiederverwertung**, die Wiederverwertung
die **Wiege**, die Wiegen
wiegen, du wiegst, er wog, sie hat gewogen
wiehern, es wiehert
die **Wiese**, die Wiesen
wieso
wie viel
wie weit
der **Wikinger**
das **Wikingerschiff**, die Wikingerschiffe
das **Wild**
wild

das **Wildgehege**
die **Wildnis**
das **Wildschwein**, die Wildschweine
der **Wille**
willkommen
die **Willkür**
willkürlich
wimmeln, es wimmelt
wimmern, du wimmerst
der **Wimpel**
die **Wimper**, die Wimpern
der **Wind**, die Winde
die **Windmühle**, die Windmühlen
die **Windrichtung**, die Windrichtungen
windstill
die **Windstärke**, die Windstärken
die **Windel**, die Windeln
die **Windpocken**
die **Windschutzscheibe**, die Windschutzscheiben
die **Windstärke**, die Windstärken
windstill
der **Winkel**
winken, du winkst
winseln, du winselst
der **Winter**
winterlich
der **Winterschlaf**
der **Wintersport**
der **Winzer**
die **Winzerin**, die Winzerinnen
winzig
der **Wipfel**
die **Wippe**, die Wippen
wippen, du wippst
wir
der **Wirbel**
die **Wirbelsäule**, die Wirbelsäulen
wirbeln, du wirbelst
der **Wirbelsturm**, die Wirbelstürme
es **wird** – werden
wirken, es wirkt
wirklich
die **Wirklichkeit**
wirr
der **Wirrwarr**
der **Wirsing**, die Wirsings
du **wirst** – werden
der **Wirt**, die Wirte
die **Wirtin**, die Wirtinnen
die **Wirtschaft**, die Wirtschaften
das **Wirtshaus**, die Wirtshäuser
wischen, du wischst
wispern, du wisperst
wissen, du weißt, sie wusste, er hat gewusst
wittern, er wittert
die **Witterung**, die Witterungen
die **Witwe**, die Witwen
der **Witwer**
der **Witz**, die Witze
der **Witzbold**, die Witzbolde
witzig

Wo

wo
woanders
wobei
die **Woche**, die Wochen
wochenlang
wöchentlich
wofür
woher
wohin
wohl
wohlhabend
wohnen, du wohnst

	wohnlich
der	**Wohnort**, die Wohnorte
die	**Wohnung**, die Wohnungen
der	**Wohnwagen**
das	**Wohnzimmer**
der	**Wolf**, die Wölfe
die	**Wolke**, die Wolken
	wolkig
die	**Wolle**, die Wollen
	wollen, du willst, sie wollte, er hat gewollt
	womit
	woraus
	worin
das	**Wort**, die Wörter, auch: die Worte
das	**Wörterbuch**, die Wörterbücher
die	**Wortfamilie**, die Wortfamilien
	wörtlich
	worüber
	wozu

Wolf

Wr

das	**Wrack**, die Wracks
	wringen, du wringst, sie wrang, er hat gewrungen

Wu

der	**Wuchs**
die	**Wucht**
	wuchtig
	wühlen, du wühlst
die	**Wühlmaus**, die Wühlmäuse
	wund
die	**Wunde**, die Wunden
das	**Wunder**
	wunderbar
die	**Wunderkerze**, die Wunderkerzen
sich	**wundern**, du wunderst dich
	wunderschön
der	**Wunsch**, die Wünsche
	wünschen, du wünschst
der	**Wunschzettel**
	er wurde – werden
	er würde – werden
die	**Würde**
	würdigen, du würdigst
der	**Wurf**, die Würfe
der	**Würfel**
	würfeln, du würfelst
	würgen, du würgst
der	**Wurm**, die Würmer
die	**Wurst**, die Würste
das	**Würstchen**
die	**Wurzel**, die Wurzeln
	würzen, du würzt
	wuschelig, auch: wuschlig
	wuseln, du wuselst
die	**Wüste**, die Wüsten
die	**Wut**
	wütend

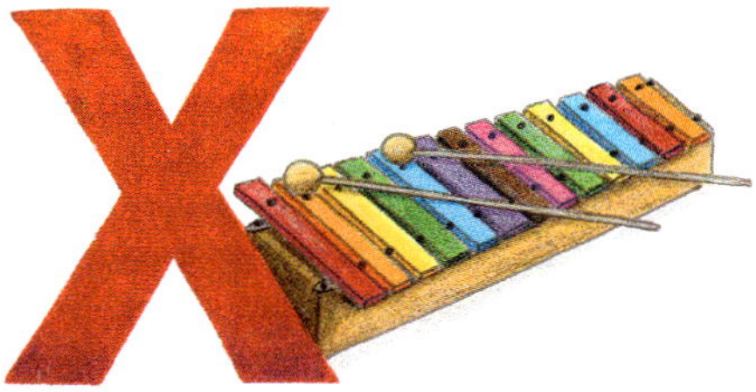

X-b

die **X-Beine**
x-beinig, auch: X-beinig
x-beliebig

X-f

x-fach

X-m

x-mal

Xy

das **Xylophon**,
auch: das Xylofon, die Xylophone

Ya

die **Yacht**, auch: die Jacht,
die Yachten
der **Yak**, auch: der Jak,
die Yaks (Hochgebirgsrind)

Yo

das **Yoga**, auch: Joga, auch: der Yoga
das **Yo-Yo**, auch: das Jo-Jo,
die Yo-Yos

Yp

das **Ypsilon**, die Ypsilons

Yacht

Za

die **Zacke**, die Zacken
zaghaft
zäh
die **Zahl**, die Zahlen
zahlen, du zahlst
zählen, du zählst
zahllos
zahlreich
das **Zahlwort**, die Zahlwörter
zahm
der **Zahn**, die Zähne
der **Zahnarzt**, die Zahnärzte
die **Zahnärztin**, die Zahnärztinnen
die **Zahnbürste**, die Zahnbürsten
die **Zahnpasta**, auch: die Zahnpaste, die Zahnpasten
das **Zahnweh**
die **Zange**, die Zangen
sich **zanken**, du zankst dich
das **Zäpfchen**
zapfen, du zapfst
der **Zapfen**
die **Zapfsäule**, die Zapfsäulen
zappeln, du zappelst
zapplig, auch: zappelig
zart
zärtlich
die **Zauberei**, die Zaubereien
der **Zauberer**, auch: der Zaubrer
die **Zauberin**, die Zauberinnen auch: die Zaubrerin
zaubern, du zauberst
das **Zaumzeug**, die Zaumzeuge
der **Zaun**, die Zäune

Ze

das **Zebra**, die Zebras
der **Zebrastreifen**
die **Zecke**, die Zecken
der **Zeh**, auch: die Zehe, die Zehen
die **Zehenspitze**, die Zehenspitzen
zehn, zehnmal
das **Zeichen**
der **Zeichenblock**, die Zeichenblocks, auch: die Zeichenblöcke
zeichnen, du zeichnest
die **Zeichnung**, die Zeichnungen
der **Zeigefinger**
zeigen, du zeigst
die **Zeile**, die Zeilen
die **Zeit**, die Zeiten
zeitig
die **Zeitmaschine**, die Zeitmaschinen
die **Zeitschrift**, die Zeitschriften
die **Zeitung**, die Zeitungen
der **Zeitvertreib**, die Zeitvertreibe
das **Zeitwort**, die Zeitwörter
die **Zelle**, die Zellen
das **Zelt**, die Zelte
zelten, du zeltest
der **Zement**
zensieren, du zensierst
die **Zensur**, die Zensuren
der **Zentimeter** (cm)
der **Zentner**
zentral
die **Zentrale**, die Zentralen
zerbrechen, du zerbrichst, sie zerbrach, er hat zerbrochen
zerfetzt

zerknirscht
zerknüllt
zerkratzt
zerquetschen, du zerquetschst
zerreißen, du zerreißt, er zerriss, sie hat zerrissen
zerren, du zerrst
die **Zerrung**, die Zerrungen
zerschmettern, du zerschmetterst
zerstören, du zerstörst
die **Zerstörung**, die Zerstörungen
zerstritten
zerzaust
zetern, du zeterst
der **Zettel**
der **Zeuge**, die Zeugen
die **Zeugin**, die Zeuginnen
das **Zeugnis**, die Zeugnisse

Zi

der **Zickzack**
die **Ziege**, die Ziegen
der **Ziegel**
ziehen, du ziehst, sie zog, er hat gezogen
das **Ziel**, die Ziele
zielen, du zielst
zielstrebig
ziemlich
sich **zieren**, du zierst dich
zierlich
die **Ziffer**, die Ziffern
die **Zigarette**, die Zigaretten
die **Zigarre**, die Zigarren
der **Zigeuner** (Sinti und Roma)
die **Zigeunerin**, die Zigeunerinnen
das **Zimmer**
zimperlich
der **Zimt**
das **Zinn**
der **Zins**, die Zinsen
der **Zipfel**
die **Zipfelmütze**, die Zipfelmützen
zirka, auch: circa
der **Zirkel**
der **Zirkus**, die Zirkusse, auch: der Circus
zirpen, es zirpt
zischen, du zischst
die **Zitrone**, die Zitronen
zittern, du zitterst
zittrig, auch: zitterig
die **Zitze**, die Zitzen
zivil
die **Zivilisation**, die Zivilisationen

Zo

der **Zoff**
zögern, du zögerst
der **Zoll**, die Zölle
der **Zollstock**, die Zollstöcke
die **Zone**, die Zonen
der **Zoo**, die Zoos
der **Zopf**, die Zöpfe
der **Zorn**
zornig
zottlig, auch: zottelig

Zu

zu
zuallererst
das **Zubehör**
zubereiten, du bereitest zu
züchten, du züchtest
zucken, du zuckst
der **Zucker**
der **Zuckerzusatz**
die **Zudecke**, die Zudecken

A B C D E F G H I J K L M N O P Q R S T U V W X Y Z

Zitrone

	zudecken, du deckst zu
	zueinander
	zu Ende
	zuerst
die	**Zufahrt**, die Zufahrten
der	**Zufall**, die Zufälle
	zufällig
die	**Zuflucht**
	zufrieden
	zufrieren, es friert zu, es fror zu, es ist zugefroren
der	**Zug**, die Züge
die	**Zugabe**, die Zugaben
die	**Zugbrücke**, die Zugbrücken
	zugeben, du gibst zu, er gab zu, sie hat zugegeben
der	**Zügel**
	zugig
	zügig
	zugleich
	zu Haus, auch: zu Hause
	zuhören, du hörst zu
der	**Zuhörer**
die	**Zuhörerin**, die Zuhörerinnen
die	**Zukunft**
	zukünftig
	zuletzt
	zuliebe
	zum (zu dem)
	zumachen, du machst zu
	zum Beispiel, Abkürzung: z. B.
	zumeist
	zumindest
	zumuten, du mutest zu
	zunächst
der	**Zuname**, die Zunamen
	zünden, du zündest
das	**Zündholz**, die Zündhölzer
die	**Zuneigung**
die	**Zunge**, die Zungen
	zunichte
	zupfen, du zupfst
	zur (zu der)
	zurück
	zurückgehen, du gehst zurück, sie ging zurück, er ist zurückgegangen
	zurückhaltend
	zurückkommen, du kommst zurück, er kam zurück, sie ist zurückgekommen
	zusammen
der	**Zusammenhang**, die Zusammenhänge
	zusätzlich
	zuschauen, du schaust zu
der	**Zuschauer**
die	**Zuschauerin**, die Zuschauerinnen
	zuständig
die	**Zutat**, die Zutaten
	zutiefst

das **Zutrauen**
zutraulich
der **Zutritt**
zuverlässig
die **Zuverlässigkeit**
zuversichtlich
zu viel
zuvor
zuwenden, du wendest dich zu
die **Zuwendung**, die Zuwendungen
zu wenig
zuwider

Zw

der **Zwang**, die Zwänge
zwanglos
sich **zwängen**, du zwängst dich
zwanzig
zwar
der **Zweck**, die Zwecke
zwecklos
zweckmäßig
zwei, zweimal
zweierlei
zweifach
der **Zweifel**
zweifellos
zweifeln, du zweifelst
der **Zweig**, die Zweige
das **Zwerchfell**, die Zwerchfelle
der **Zwerg**, die Zwerge
der **Zwerghase**, die Zerghasen
die **Zwetsche**, die Zwetschen,
auch: die Zwetschge
oder: die Zwetschke
der **Zwetschgenkuchen**
zwicken, du zwickst
der **Zwieback**, die Zwiebacke,
auch: die Zwiebäcke
die **Zwiebel**, die Zwiebeln
die **Zwiebelschale**,
die Zwiebelschalen
der **Zwilling**, die Zwillinge
zwingen, du zwingst, er zwang,
sie hat gezwungen
zwinkern, du zwinkerst
der **Zwirn**, die Zwirne
zwischen
zwischendurch
der **Zwischenfall**, die Zwischenfälle
der **Zwischenraum**,
die Zwischenräume
das **Zwitschern**
zwitschern, er zwitschert
zwölf, zwölfmal

Zy

der **Zyklus**, die Zyklen
der **Zylinder**

Zwerg

Schwierige Wörter schwer zu finden

Wörter aus anderen Sprachen sind manchmal schwer zu finden.
Denn sie werden oft anders ausgesprochen, als man sie schreibt. Schau hier nach!

A

äids	das	Aids
ährbäg	der	Airbag
äktschn	die	Action
aut		out

B

bäbi	das	Baby
baggi	der	Buggy
bänd	die	Band
bandschidschamping	das	Bungeejumping
battn	der	Button
beesch		beige
blamaasche	die	Blamage
börger	der	Burger
bronße	die	Bronze
bungalo	der	Bungalow
butik	die	Boutique

D

diskdschockej	der	Diskjockey
disspläi	das	Display
dschäs	der	Jazz
dschiins	die	Jeans
dschiip	der	Jeep
dschob	der	Job
dschoggen		joggen
dschouker	der	Joker
dschockej	der	Jockey

E

etaasche	die	Etage

F

faastfuud	das	Fastfood
fän	der	Fan
fänklub	der	Fanclub
fär		fair
faul	das	Foul
frissbi	das	Frisbee

G

gäg	der	Gag
gängster	der	Gangster
garaasche	die	Garage
goldmedallje	die	Goldmedaille
gräipfruut	die	Grapefruit

H

haatwär	die	Hardware
händi	das	Handy
häppi		happy
houmpäitsch	die	Homepage

I

iimäil	die	E-Mail
inleinskäits	die	Inlineskates
inschenjör	der	Ingenieur
inschenjörin	die	Ingenieurin
installatör	der	Installateur
installatörin	die	Installateurin
interwju	das	Interview
isi		easy

K

kaos	das	Chaos
kätschen		catchen
kauboi	der	Cowboy
kauntdaun	der	Count-down
kautsch	die	Couch
kiiboord	das	Keyboard
klaun	der	Clown
klike	die	Clique
komfor	der	Komfort
kornflejks	die	Cornflakes
körri	das	Curry
körriwurst	die	Currywurst
körser	der	Cursor
kroasoo	das	Croissant
kusäng	der	Cousin
kuul		cool
kuwär	das	Kuvert

L

laif		live
laifsendung	die	Livesendung
läptop	der	Laptop
longsche	die	Longe

M

mäikapp	das	Make-up
mäilbox	die	Mailbox
mäilen		mailen
maneesche	die	Manege
masaasche	die	Massage
mätsch	das	Match
mauntenbeik	das	Mountainbike
medallje	die	Medaille
mjusikel	das	Musical
montör	der	Monteur

N

noutbuk	das	Notebook

O

oupenär	das	Opencir

P

passaschiir	der	Passagier
pauer	die	Power
pauern		powern
pläibäck	das	Play-back
pläistäischn	die	Playstation
pommfrit	die	Pommes frites
püdschama	der	Pyjama
puul	der	Pool

R

rälli	die	Rallye
ränsch	die	Ranch
räpp	der	Rap
raschauer	die	Rushhour
refrää	der	Refrain
reportaasche	die	Reportage
restorang	das	Restaurant
rissaikling	das	Recycling
rulaade	die	Roulade

S

säif	der	Safe
sändwitsch	das	Sandwich
saund	der	Sound
schalusi	die	Jalousie
schampinjoo	der	Champignon
schampuu	das	Shampoo
schelee	das	Gelee
scheniiren		genieren
schofför	der	Chauffeur
schongliiren		jonglieren
schoos	die	Chance
schurnalist	der	Journalist
schurnalistin	die	Journalistin
ssenter	das	Center
skäitbord	das	Skateboard
skänner	der	Scanner
slamm	der	Slum
softwär	die	Software
sooße	die	Sauce
sörfbrett	das	Surfbrett
sörfen		surfen
sörwiss	der	Service
spräi	der	Spray
sseinsfiktschn	die	Sciencefiction
ssingl	der	Single
stäik	das	Steak
stantgörl	das	Stuntgirl
stantmän	der	Stuntman
stjuart	der	Steward
stjuardess	die	Stewardess
ssuweniir	das	Souvenir
swettschört	das	Sweatshirt

T

tatuu	das	Tattoo
tekno	der	Techno
tiim	das	Team
tiinäidscher	der	Teenager
tiischört	das	T-Shirt
tjuner	der	Tuner
tokmaster	der	Talkmaster
tokmasterin	die	Talkmasterin
tokschou	die	Talkshow
toust	der	Toast
trämpen		trampen
träner	der	Trainer
tränerin	die	Trainerin
träniiren		trainieren
träning	das	Training
tschäken		checken
tschämpjen	der	Champion
tscharts	die	Charts
tschello	das	Cello
tschip	der	Chip

U

unfär		unfair

W

wokmän	der	Walkman
woltischiiren		voltigieren